오바댜 강해설교

# 가시 같은 이웃

오바댜 강해설교

# 가시 같은 이웃
Thorny Neighbors

1998. 6. 5. 초판 발행
2014. 9.15. 14쇄 발행

**지은이** 김서택
**펴낸이** 정애주
곽현우 국효숙 김기민 김의연 김준표 김진성
박상신 박세정 박혜민 송민영 송승호 염보미
오민택 오형탁 윤진숙 임승철 정한나 조주영
차길환 한미영

**펴낸곳** 주식회사 홍성사
**등록번호** 제1-449호 1977. 8. 1.
**주소** (121-885) 서울시 마포구 양화진4길 3
**전화** 02) 333-5161
**팩스** 02) 333-5165
**홈페이지** www.hsbooks.com
**이메일** hsbooks@hsbooks.com
**트위터** twitter.com/hongsungsa
**페이스북** facebook.com/hongsungsa
**양화진책방** 02) 333-5163

ISBN 978-89-365-0456-4 (03230)

오바댜 강해설교

# 가시 같은 이웃

김 서 택

홍성사

# 한계를 뛰어넘는 신앙

그리스도인의 원수는 멀리 있지 않습니다. 아주 가까이에 있으면서 나를 인정해 주지 않거나 나의 약한 부분을 자주 건드리는 가족이나 친척이나 상사 중에 있습니다.

하나님께서 이렇게 힘든 이웃을 우리에게 주시는 이유가 무엇일까요? 아직도 우리 안에 변화되지 못한 못된 기질과 교만이 남아 있기 때문입니다.

야곱의 형 에서의 후손인 에돔 족속들은 이스라엘 백성들에게 늘 가시 같은 역할을 감당했습니다. 그들은 월급도 주지 않고 특별히 부탁하지도 않았는데, 자진해서 이스라엘 백성들을 길들여 주었습니다.

이 가시 같은 이웃이 우리에게 필요하다는 것을 느낄 때, 더 나아가 그들의 수고에 오히려 감사하게 될 때, 우리는 이 시험에 합격한 것입니다. 그때부터 에돔 사람들은 우리의 친구가 될 것입니다.

　그 동안 감추어져 있었던 이 작은 선지서가 우리의 약한 부분을 치료하고 더 성숙한 신앙의 자리로 나아가게 하는 축복의 말씀이 되기를 바랍니다.

1998년 5월
둔촌동 목회실에서

김의원

오바댜 강해설교 # 가시 같은 이웃

## 차 례

이 설교집은 1996년 6월 21일에서 7월 5일까지
제자들교회 금요기도회에서 설교한 내용을 정리한 것입니다.

# 에돔, 이스라엘의 원수

오바댜의 묵시라.

주 여호와께서 에돔에 대하여 이같이 말씀하시니라.

우리가 여호와께로 말미암아 소식을 들었나니

곧 사자가 열국 중에 보내심을 받고 이르기를

너희는 일어날지어다. 우리가 일어나서

그로 더불어 싸우자 하는 것이니라.

여호와께서 가라사대

내가 너를 열국 중에 미약하게 하였으므로

네가 크게 멸시를 받느니라.

바위 틈에 거하며 높은 곳에 사는 자여,

네가 중심에 이르기를

'누가 능히 나를 땅에 끌어내리겠느냐' 하니

너의 중심의 교만이 너를 속였도다.

네가 독수리처럼 높이 오르며 별 사이에 깃들일지라도

내가 거기서 너를 끌어내리리라.

나 여호와가 말하였느니라.

혹시 도적이 네게 이르렀으며

강도가 밤중에 네게 이르렀을지라도

그 마음에 만족하게 취하면 그치지 아니하였겠느냐?

혹시 포도를 따는 자가 네게 이르렀을지라도

그것을 얼마쯤 남기지 아니하였겠느냐?

네가 어찌 그리 망하였는고?

에서가 어찌 그리 수탐되었으며

그 감춘 보물이 어찌 그리 수탐되었는고?
너와 약조한 자들이 다
너를 쫓아 변경에 이르게 하며
너와 화목하던 자들이 너를 속이고 이기며
네 식물을 먹는 자들이 네 아래 함정을 베푸니
네 마음에 지각이 없음이로다.
나 여호와가 말하노라.
그 날에 내가 에돔에서 지혜 있는 자를 멸하며
에서의 산에서 지각 있는 자를 멸하지 아니하겠느냐?
드만아, 네 용사들이 놀랄 것이라.
이로 인하여 에서의 산의 거민이 살륙을 당하여
다 멸절되리라.

옵 1:1-9

신앙생활을 해본 사람이라면 누구나 다 공통적으로 느끼는 것이 하나 있습니다. 그것은 나에게 가시 같은 역할을 하는 사람이 한 명씩은 꼭 있다는 것입니다. 직장이나 친척들 가운데 나를 꼼짝하지 못하게 만드는 원수가 한 명씩은 꼭 있습니다. 다른 사람들 앞에서는 그렇지 않은데 그 사람 앞에만 서면 마치 고양이 앞에 쥐처럼 꼼짝 못 하고 당합니다.

그 사람이 나와 전혀 상관이 없는 사람이라면 앞으로 안 보면 그만이지요. 그러나 안 볼래야 안 볼 수 없는 사람들 중에 그런 원수가 있다는 것이 문제입니다. 우리는 그런 일을 당할 때 무슨 생각을 합니까? '하나님은 왜 하필 저런 사람을 만들어서 나를 힘들게 하시는가? 저 사람만 없으면 온 세상이 다 편안할 텐데' 하는 생각을 합니다.

이스라엘 백성들에게도 그런 원수가 하나 있었습니다. 그 원수는 바로 에돔 사람들이었습니다. 에돔 사람들은 사사건건 이스라엘 백성들을 시기했고 그들이 잘되는 것을 참지 못했습니다. 그들은 이스라엘 백성들이 큰 어려움을 당할 때마다 꼭 나타나서 이 어려움을 더 어렵게 만드는 데 결정적인 영향을 미쳤습니다.

　　이스라엘 백성들이 도무지 이해할 수 없는 사실이 무엇이었습니까? '왜 하나님은 하필 에돔 사람들을 만들어서 우리를 이렇게 힘들게 하시는가' 하는 것이었습니다. 에돔 사람들만 없었다면 이스라엘 사람들은 훨씬 편안하게 살 수 있었을 것입니다. 그러나 에돔 사람들은 아주 집요하게 이스라엘 백성들을 괴롭혔고, 그들을 괴롭히는 것을 민족의 사명으로 생각했습니다.

　　오바댜는 이스라엘의 철천지 원수인 이 에돔이 망할 것이라고 예언하고 있습니다. 우리는 오바댜서의 배경을 이루고 있는 시대가 언제인지 잘 알지 못합니다. 단서가 되는 구절은 오직 11절뿐입니다.


　　네가 멀리 섰던 날, 곧 이방인이 그 재물을 늑탈하며
　　외국인이 그의 성문에 들어가서
　　예루살렘을 얻기 위하여 제비를 뽑던 날에
　　너도 그들 중 한 사람 같았었느니라.

14　가시 같은 이웃

여기서 문제가 되는 것은 외국인이 예루살렘 안에 밀려 들어가서 재물을 약탈하기 위해 제비를 뽑던 때가 언제냐 하는 것입니다. 예루살렘이 바벨론에게 망할 때는 아니라는 것이 대부분 사람들의 생각입니다. 그때는 제비를 뽑았다고 볼 근거가 없습니다. 이렇게 제비를 뽑은 때는 아마 유다 왕 여호사밧의 아들 여호람 때가 아닌가 추측됩니다.

여호람은 아주 악한 왕이었습니다. 하나님은 블레셋과 아라비아 연합군이 예루살렘을 약탈하게 하셨습니다. 이때 이 에돔 사람들도 같이 들어와서 예루살렘을 약탈했던 것 같습니다. 당시는 유다가 가장 타락했던 때였고 에돔이 유다의 통치에서 벗어난 때였기 때문에, 이 기회에 충분히 보복했을 가능성이 있습니다. 여호람 때 종교적인 타락이 얼마나 극심했던지 북쪽에 있는 엘리야가 편지를 보내서 그 죄를 지적할 정도였습니다. 하나님은 여호람의 창자가 썩어 빠져 나와서 죽게 함으로써 그를 징계하셨습니다. 그래서 유다 사람들은 여호람이 죽었을 때 다윗의 묘지에 장사하지 않았습니다.

그러나 사실 에돔은 이때만 이스라엘 백성들을 괴롭혔던 것이 아닙니다. 에돔은 언제나 이스라엘 백성들을 원수처럼 생각했습니다. 도대체 이유를 알 수 없는 미움과 시기심을 가지고 있었어요. 에돔은 에서의 후손이고 에서는 야곱의 형입니다. 에돔과 이스라엘은 형제 관계라는 말입니다. 형제 관계는 가장 가까운 사이입니다. 물론 야곱이 팥죽 한 그릇으로 형의

장자권을 빼앗았다고 하지만 그것이 언제 있었던 일입니까? 잊었어도 벌써 잊었을 옛날 일입니다. 그러나 에돔 사람들은 처음부터 끝까지 이스라엘 백성들을 미워했고, 그들을 괴롭히는 것을 취미와 사명으로 생각했습니다.

## 에돔의 교만

이스라엘 백성들이 에돔 사람들만 만나면 항상 기가 죽는 이유가 있었습니다. 에돔 사람들은 인간적으로 빈틈이 없었습니다. 3절과 4절을 보십시오.

바위 틈에 거하며 높은 곳에 사는 자여,
네가 중심에 이르기를
'누가 능히 나를 땅에 끌어내리겠느냐?' 하니
너의 중심의 교만이 너를 속였도다.
네가 독수리처럼 높이 오르며
별 사이에 깃들일지라도
내가 거기서 너를 끌어내리리라.
나 여호와가 말하였느니라.

에돔 사람들에게는 큰소리칠 만한 것이 있었습니다. 그들은 무엇을 해도 빈틈이 없는 완벽한 사람들이었어요. 우선 에돔은 지리적으로 난공불락의 성이었습니다. 실제로 에돔은 바위로 된 나라로서, '독수리처럼 높은 곳에 거하며 별 사이에 산다'고 표현할 정도로 지형적으로 공격당할 수 없는 곳에 살았습니다.

독수리를 보십시오. 얼마나 높은 곳에 집을 짓고 삽니까? 게다가 힘은 또 얼마나 셉니까? 집도 높은 곳에 있지요, 힘도 세지요, 눈도 밝지요, 빠르지요, 독수리는 어느 누구도 쉽게 얕볼 수 없는 존재입니다. 그런데 에돔 사람들이 바로 그런 사람들이었습니다.

에돔 사람들은 성만 그런 높은 곳에 지은 것이 아니라 당시에 누구라도 알아줄 만큼 뛰어난 지혜와 학문을 갖추고 있었습니다. 그러니까 어떤 면에서 보면 전혀 빈틈이 없는 완벽한 사람들이었어요.

아주 가까운 친구 중에 집도 부자이고 머리도 좋은 사람이 있다고 합시다. 그 사람 앞에서 기가 죽겠습니까, 안 죽겠습니까? 그냥 돈만 많으면 "쟤는 돈은 많지만 머리가 나빠. 내가 쟤보다 공부는 좀 잘하지" 하면서 자부심을 가질 수도 있고, 머리는 좋은데 집이 가난하면 "쟤는 공부는 잘하는데 찢어지게 못살아. 참 안됐어" 하면서 동정해줄 수도 있습니다. 그런데 집도 갑부인 데다가 공부도 전교 1등인 거예요. 게다가 하필이면 그런 애가 내 짝꿍입니다. 공부도 잘하고 돈도 많고 인물도 좋고 키도 큰 사람 앞에서는 누구나 기가 죽게 되어 있습니다. 그런 애들은 학교 선생님들도 함부로 야단치지 못해요.

바보가 나를 미워할 때는 "에이, 이 바보가 왜 이래?" 하고 무시하면 됩니다. 그런데 어디 내놓아도 손색이 없을 만큼 완벽한 사람이 나를 판단하고 미워하고 걸고 넘어질 때는 굉장히 속이 상합니다. 게다가 그 사람이 나와 아무 상관 없는 사람이 아니라, 아주 가까워서 항상 비교가 되는 대상이라면 더더욱 곤욕스러울 것입니다.

에돔이 바로 그런 나라였습니다. 에돔은 갖출 것은 다 갖춘 백성입니다. 그런데 이스라엘만 보면 못 잡아먹어서 안달이에요. 자기는 갖출 것을 다 갖추고 있으면서도, 이스라엘이 뭐라도 하나 가지는 것을 참고 보지 못합니다.

우리는 사무엘의 어머니 한나에게서 이와 비슷한 예를 찾아볼 수 있습니다. 한나의 남편 엘가나에게는 브닌나라는 아내가 또 한 명 있었습니다. 브닌나는 아마도 이방 여자였던 것 같습니다. 이 브닌나에게는 자식이 있었고 한나에게는 자식이 없었습니다. 그런데 브닌나가 한나를 얼마나 업신여기고 괴롭혔던지, 한나가 속에 불이 나서 견딜 수 없을 정도였습니다.

고대 사회에서 자식이 없는 여자에게는 아무 권리가 없었습니다. 자식이 몇 명이나 있는 브닌나는 아쉬울 것이 없었어요. 그런데도 한나가 뭐라도 조금 가지면 견디질 못하고 입에 거품을 물면서 쓰러지는 겁니다. 성경은 이렇게 말하고 있습니다.

여호와께서 그로 성태치 못하게 하시므로
그 대적 브닌나가 그를 심히 격동하여 번민케
하더라(삼상 1:6).

남들은 이 괴로움을 몰라요. 남편도 이것을 모릅니다. 아이를 못 낳는다고 해서 얼마나 깔보는지 눈 한 번 제대로 뜨고 보는 법이 없습니다. "싫다, 싫어! 브닌나가 정말 싫다! 같은 하늘 밑에서 살기 싫다!" 속이 막 썩어들어 갑니다.
사람을 괴롭히는 데도 천재가 있습니다. 한 순간도 편안한 꼴을 못 보고 속을 그냥 뒤집어 엎어서 격동시키는 재주가 있는 사람이 있어요. 브닌나가 바로 그런 사람이었습니다. 한나는 그 원수와 한 지붕 밑에서 살아야 했습니다.
이스라엘 백성들에게는 에돔 사람들이 바로 그런 원수들이었습니다. 이스라엘이 좀 잘되려고 하면 꼭 나타나서 방해하고, 좀 안되는 것 같으면 또 나타나서 손뼉 짝짝 치면서 좋아하고 조롱합니다. "팥죽 훔쳐 먹은 인간들아! 어디 너희가 잘되나 보자!" 닥친 환난만 감당하는 것도 힘든데, 에돔이 그 환난 위에 올라타서 구르고 뛰는 바람에 이중, 삼중으로 힘듭니다.
오늘 우리가 알아야 할 것은 왜 하나님이 이런 가까운 원수를 이스라엘 백성에게 허락하셨느냐 하는 것입니다. 하나님은 이스라엘 자손들을 자주 징계하셨습니다. 하나님의 말씀을 거역할 때마다 그들을 치셨어요. 그럴 때마다 어김없이 찾아오는 불청객이 바로 이 에돔 사람들이었습니다. 징계 받았다는 소문이 나기도 전에 꼭 찾아와서 기뻐하고 즐거워하고 조롱하고 업신여깁니다.

그런데 문제는 이런 에돔은 항상 잘된다는 것입니다. 에돔이 이스라엘을 조롱하고 가다가 벼락을 맞든지 언덕에서 굴러 내려서 다리라도 부러지면 참 고소할 텐데, 에돔은 벼락 맞는 법도 없고 넘어지는 법도 없습니다. 집까지 무사히 갈 뿐 아니라 하는 일도 더 잘됩니다.

왜 하나님은 이런 에돔 사람들을 주셨을까요? 왜 이런 원수를 가까이 두셔서 속이 쓰리다 못해 쓸개가 흘러내릴 정도로 이스라엘 백성들을 힘들게 만드시는 것일까요? 자식을 키워보면 그 이유를 압니다. 자기 자식이 아무리 귀엽고 사랑스러워도 꼭 필요한 것이 하나 있습니다. 그것은 매입니다. "아이고, 내 새끼! 누가 감히 내 새끼한테 뭐라고 하는 거야?" 하면서 모든 것을 다 받아주고 응석받이로 키울 때, 밥을 씹어먹는 것이 힘들까봐 아예 씹어서 입에 넣어 주며 기를 때, 그 아이는 악질도 이런 악질이 없다 싶을 정도로 못된 사람이 됩니다. 애인데도 누구의 말도 안 듣고, 애인데도 겁이 없습니다. 참 문제가 심각해져요.

그래서 엄마나 아빠는 항상 집 한 구석에 긴 회초리를 세워 놓아야 합니다. 엄마가 소리 지를 필요도 없어요. 조용히 그 회초리만 가리키면 애가 기가 죽으면서 딱 자제하게 되어 있습니다. 물론 아이들은 그 회초리만 보면 진저리가 쳐지고 밥맛이 떨어지지요. 왜 엄마 아빠는 저런 것을 세워 놓아서 공포 분위기를 조성하고 심리적인 고통을 주는지 이해를 못 해요. 그러나 그 회초리가 없으면 아이들은 전혀 훈련이 되지 않습니다.

여러분, 아이들에게 제일 좋지 않은 것은 은혜에 길들여지는 것입니다. 부모의 사랑이 당연하게 여겨지는 것처럼 아이에게 좋지 않은 것이 없습니다. 은혜와 사랑에 길들여지면 웬만큼 사랑해 주는 것은 사랑으로 치지도 않습니다. 항상 입에서 원망과 불평이 나와요. 아이가 아플 때 밤을 새가면서 돌보아 주고 사랑해 주었는데도 한 번만 섭섭하게 하면 홱 토라져서 문 잠그고 들어앉아서 밥도 안 먹고 며칠씩 울고불고 하는 이유가 무엇입니까? 받는 데 익숙해져서 그렇습니다. 열번 잘 해주다가도 한 번만 못 해주면 "엄마는 계모인가봐. 정말 다리 밑에서 날 주워온 게 틀림없어" 하면서 원망과 불평을 터뜨립니다. 자기밖에 모르는 거예요.

하나님의 백성들이 그와 아주 비슷합니다. 하나님의 백성들은 하나님이 특별히 사랑하시는 자들입니다. 하나님은 이들이 어떤 상태에 있어도 다 받아 주시고 용서해 주십니다. 그러니까 어떻게 합니까? 하나님의 은혜를 당연한 것으로 생각합니다. 자기가 아무렇게나 행동해도 하나님은 다 받아 주게 되어 있다는 것이지요. 그래서 좋은 일이 생기면 당연한 것으로 생각해서 감사드리지 않으면서, 자기가 원하는 것을 조금이라도 늦게 들어 주시거나 아예 들어 주시지 않으면 그때부터 마음이 뒤틀리기 시작합니다. 뒤틀려도 보통 뒤틀리는 것이 아니에요. 완전히 본색이 드러납니다.

하나님은 이런 우리의 습관을 알고 계시기 때문에 회초리를 하나 준비해 놓으셨습니다. 그것이 무엇입니까? 가까운 원수입니다. 아주 가까워서 얼굴을 안 볼래야 안 볼 수 없는 사람, 그러면서도 나를 굉장히 거북하게 하고 힘들게 하는 사람을 내 옆에 두십니다. 너무 완벽해서 그 앞에서는 항상 고양이 앞에 쥐처럼 될 수밖에 없는 그런 사람을 준비해서 주야로 독수리처럼 내 눈을 공격하게 하시고 내 심장을 쪼아먹게 하십니다.

내가 아무리 하나님의 백성이라고 하지만 실제로 저 사람보다 못한데 어떻게 하겠습니까? 내가 아무리 하나님의 백성이라고 하지만 실력도 달리고 인물도 달리고 돈도 없는데 어떻게 기죽지 않을 수 있습니까? 내가 아무리 성경을 앞에서 꿰뚫고 옆에서 꿰뚫는다고 하더라도, 그런 사람과 성경을 가지고 이야기할 수 있습니까?

에돔 백성들은 모든 분야에서 이스라엘 백성들을 능가했습니다. 그리고 기질도 강한 데다가 이스라엘 백성들을 괴롭히는 일을 아예 사명으로 알고 있었습니다. 그런 사람을 어떻게 당하겠습니까? 자존심 같아서는 참을 수가 없지만 안 참으면 또 어쩌겠습니까? 모든 게 모자라고 달리는데요. 그냥 기죽은 채 살 수밖에 없습니다.

하나님의 백성들에게 가장 위험한 것은 은혜에 길들여지는 것입니다. 그래서 하나님께 대한 감사를 잊어버리고 자기의 요구사항만 잔뜩 늘어놓는 것입니다. 그런 사람은 기도 시간에 아예 청구서를 죽 읽어 내립니다. "이것은 며칠까지, 저것은 며칠까지, 또 이것은 며칠까지 이루어 주십시오. 그 일이 이루어지지 않는다면 모든 책임은 전적으로 하나님께 있는 겁니다."

그러나 여러분, 하나님은 어느 누구의 말도 듣지 않는 버릇 고약한 백성들을 눈뜨고 못 보십니다. 그래서 사용하신 그릇이 바로 에돔입니다. 에돔은 이스라엘 백성들에게 훈련소 교관 같은 존재였습니다. 훈련소 교관이 얼마나 무섭습니까? 조금만 잘못하면 사정없이 야단치고 조금만 잘못하면 곧장 매를 듭니다.

믿는 사람들에게는 이렇게 에돔 같은 사람이 하나씩 있어야 교만해지지 않습니다. 무조건 용납하고 무조건 잘 해주면 늘 인상을 찌그러뜨리고 다니면서 원망과 불평을 늘어놓고, 자기 잘못은 생각하지도 않은 채 남만 판단하고 업신여기는 교만한 사람이 됩니다. 그럴 때 하나님은 에돔을 시켜서 그 사람의 옆구리를 쑤셔대게 하시고 간을 파먹게 하십니다.

여자들은 군대에 가지 않기 때문에 길들여질 기회가 별로 없습니다. 그러나 대개 시집 식구들이 에돔의 역할을 합니다. 여자들이 자라면서 싫은 소리 들을 일이 어디 많습니까? 다 귀여움 받으면서 자라지요. 그러나 시집을 가면 그것이 통하지 않습니다. 제 아무리 똑똑하고 개성이 강한 사람도 이상하게 시어머니나 시누이 앞에만 서면 고양이 앞에 쥐가 됩니다. 평소에는 말 잘하고 논리적인 사람도 시어머니한테 야단을 맞을 때는 갑자기 머리에 혼동이 오면서 꼼짝을 못 해요.

어떤 경우에는 가장 가까운 친구나 동료 가운데 갈고리촌충처럼 내 옆구리에 붙어서 아주 집요하게 괴롭히는 사람들이 있기도 합니다. 만약 그런 이들이 없다면 우리는 정말 버르장머리가 나쁘고, 감사할 줄 모르며, 하나님 말도 듣지 않고 사람 말도 듣지 않는 사람들이 될 것입니다. 그래서 에돔 사람들이 필요한 것입니다. 에돔 사람들은 이스라엘의 채찍이었고, 그들을 길들이는 도구였습니다.

## 에돔을 보는 눈

오늘 본문 말씀은 이스라엘의 철천지원수인 에돔이 깡그리 망한다는 내용의 예언을 하고 있습니다. 아마 이 예언은 늘 에돔 콤플렉스를 가지고 있는 이스라엘 백성들에게 큰 위로가 되었을 것입니다. 그러나 우리가 생각해야 할 것은 에돔이 망한다고 해서 과연 그것이 전부일까 하는 것입니다. 에돔이라는 회초리만 꺾으면 이제 아무 문제가 없을까요?

예를 들어서 나를 아주 힘들게 만드는 친구가 있다고 합시다. 사사건건 걸고 넘어지는데, 이건 친구가 아니라 원수예요. 이런 친구가 왜 존재하는지 모르겠어요. 정말 가시 같은 사람입니다. 그런데 어느 날 그 친구가 완전히 망해 버렸어요. 그러면 속이 시원할까요? 가시가 뽑혔으니 그것으로 모든 것이 끝난 것일까요? 결코 그렇지 않습니다.

에돔은 하나님이 허락하신 채찍입니다. 왜 에돔이 이스라엘을 괴롭힙니까? 할 일이 없어서 괴롭히는 것이 아닙니다. 이스라엘 백성 속에 아주 간교한 기질이 있기 때문에, 또 하나님의 뜻에 굴복하기 싫어하는 아주 강한 고집 같은 것이 있기 때문에 괴롭히는 것입니다.

아무리 설교하면 뭐합니까? 안 들으면 그만인데요. 몸은 교회 와서 앉아 있어도 자동으로 귀를 딱 막아 버립니다. 이렇게 파워 귀마개를 하고 있는데 어떻게 하겠습니까? 그러나 하나님은 그렇게 만만한 분이 아닙니다. 교회 갔다 온 그 날, 시어머니가 갑자기 찾아옵니다. "야야, 보래이" 하면서 이야기를 시작하는데, 설교는 안 들었어도 이건 안 들을 도리가 없어요.

이렇게 힘든 존재가 곁에 없으면 그리스도인을 바로 잡아줄 수 있는 것이 없습니다. 아무리 말해도 안 들어요. "하나님은 사랑이시라!" 한마디면 모든 것이 끝입니다. 위대한 에돔이 없으면 우리는 절대로 길들여지지 않습니다.

에돔은 어떤 사람들입니까? 하나님을 두려워하지 않는 사람들입니다. 그러니까 가시 노릇을 할 수 있는 거예요. 하나님을 믿는 사람들끼리는 그렇게 못 합니다. 잘못이 있어도 덮어 주고 기다려 주고 가능한 한 좋은 방향으로 봐주려고 하지요. 그런데 에돔은 못 봐줘요. 장점도 못 봐주고, 단점도 못 봐주고, 무조건 못 봐줍니다.

믿는 사람들 안에 파묻혀 있으면 자기 스스로 완벽한 사람인 것처럼 착각할 때가 있습니다. 그런데 한 번씩 안 믿는 친척 집에 갔다 오면 세상에 나 같은 바보가 없는 것 같습니다. "너 요즘 뭐하고 먹고 사냐? 그러고도 살 수 있냐?" 하는 질문만 한 번 받고 나면 완전히 가치관에 혼동이 옵니다. 안 믿는 사람들은 정말 천재입니다. 그리스도인들이 가지고 있는 환상을 벗겨서 자신의 비참한 모습을 보게 만드는 천재들이에요.

그래서 가시 같은 존재를 무조건 미워하고 증오하면서 하나님께 "저 사람 좀 어떻게 처치해 주세요" 하고 기도하는 것은 옳지 않습니다. 그 사람은 나를 위해서 수고하고 있는 거예요. 원래는 우리가 돈을 주어 가면서 "나를 좀 괴롭혀 주세요. 나의 약한 점이 있으면 사정없이 공격해 주세요" 해야 하는데, 하나님이 대신 그 사람들을 고용해서 나를 훈련시키시는 것입니다.

그러므로 여러분, 나를 힘들게 하는 사람을 볼 때 감사하십시오. "나한테 가장 필요한 사람이 누군지 알아요? 바로 당신이에요. 난 당신만 보면 의욕이 생기고 식욕이 당겨요. 에돔, 나를 찾아와 줘서 정말 고마워요! 날씨도 더운데 진짜 수고하시네요. 뭐라도 사 드릴까요?" 사실 이렇게 말할 사람은 아무도 없습니다. 오히려 에돔만 보면 두드러기가 생기고 기가 죽어 버리지요. 그러나 '내 속에 있는 이 죄성은 어떤 교인이나 목사님도 건드릴 수 없는 악질적인 것인데, 바로 이 부분을 이 사람이 고쳐 주는구나' 하는 것을 아는 사람은 에돔 콤플렉스를 극복할 수 있습니다.

사실 에돔 콤플렉스는 잘 없어지지 않습니다. 직장에서 사사건건 나를 물고 늘어지는 사람이 있을 때, 그 사람이 꿈에까지 나타나서 나를 괴롭힙니다. 교회에 와서도 그 사람만 생각하면 마음에 납덩이를 올려 놓은 것 같고, 밥을 먹다가도 가슴 한복판에 턱 얹혀 버립니다. 그러나 '죽지도 않는 이 원수, 날이 갈수록 더 유들거리기만 하는 이 원수!' 라고만 생각하고 있으면 문제가 해결되지 않습니다. 우리는 '내 마음이 얼마나 단단한가! 내 마음속에 얼마나 회개하기 싫어하는 고집이 있는가! 나는 가시가 없으면 고쳐지지 않는 아주 교만한 본성을 가지고 있구나' 하는 것을 생각해야 합니다.

바로 이것입니다. 가까운 원수 때문에 당하는 마음의 고통이 없어진다고 해서 이 콤플렉스가 없어지는 것이 아닙니다. 무력으로 에돔을 징벌한다고 해서 이 콤플렉스에서 벗어날 수 있는 게 아니에요. 그 원수가 왜 존재하는가를 생각하고, 그 가시 같은 존재가 없다면 결코 바뀌지 않을 간교하고 교만하고 지기 싫어하는 나의 본성을 생각해야 합니다.

그런 사람을 한 번 안아 주면 어떨까요? 사사건건 나를 걸고 넘어지는 상사를 출근하자마자 꽉 껴안으면서 "부장님, 사랑해요!" 하면 어떨까요? 그러면 "이 놈이 완전히 갔구나, 갔어. 야, 임마! 아침부터 뭐하는 짓이야?" 할지도 모릅니다. 그러나 그런 마음을 가질 때에야 비로소 내 속에 있는 에돔 콤플렉스가 없어집니다.

친척이나 가까운 친구 중에 굉장히 원수 같은 사람들이 있습니다. 그런데 이 원수들이 죽기는커녕 물어볼 때마다 일도 잘되고 몸도 건강하다고 합니다. 당뇨치수도 뚝 떨어지고, 요즘 들어 살맛이 더 난다고 해요. 그럴 때 어떻게 생각해야 합니까? '하나님이 저 사람을 써서 나를 훈련시키시는구나. 참 고맙다!' 이런 눈을 가지고 그 사람들을 볼 수만 있다면 더 이상 에돔을 두려워할 필요가 없을 뿐 아니라, 나중에는 아주 친해질 수 있습니다. 가시 같던 시어머니와 굉장히 친해지고, 원수 같던 친구와 관계가 회복됩니다. 날마다 나를 씹어대던 직장 상사와 둘도 없는 관계가 돼요.

누군가 나를 공연히 미워하고 질투합니까? 문제를 그 사람에게서 찾지 마십시오. 그러면 콤플렉스가 없어지지 않습니다. 그 사람은 하나님이 나를 위해 세우신 훈련 교관입니다. 하나님이 고난만 주시면 곰같이 마냥 버티면 됩니다. 하지만 변하지는 않습니다. 그리스도인 중에 그런 사람들이 참 많아요. 하나님이 고난을 통해서 바꾸려고 하시는데 곰 같은 인내심으로 마냥 버티는 것입니다.

그런데 그 고난을 참을 수 없게 만드는 존재가 바로 에돔 사람들입니다. 에돔 사람들이 나타나서 조롱하고 깔보고 업신여기면 잘 버티던 사람도 못 참고 화를 터뜨립니다. 이렇게 고난을 더 고난 되게 하고 환난을 더 환난 되게 함으로써 내가 끝까지 내놓기 싫어하는 자존심과 마지막 남은 부패한 죄성까지 완전히 깨뜨리는 것이 에돔 사람들이 하는 일입니다.

우리는 에돔 같은 사람들을 볼 때 참 불쌍히 여겨야 합니다. 하나님의 백성들에게는 고난 가운데도 소망이 있습니다. 왜냐하면 하나님이 정하신 때가 있기 때문입니다. 어떤 고난이라도 때가 없는 고난은 없습니다. 그리고 고난이 끝나면 그 고난만 끝나는 것이 아니라 그 동안 당한 것, 잃어버린 것, 월급 못 받은 것, 욕 얻어먹은 것까지 다 계산하고 요즘 오른 이자율까지 감안해서 하나님이 다 채워 주십니다. 이것이 믿어지지 않습니까? 요엘서를 보십시오. 메뚜기가 갉아 먹은 햇수대로 다 헤아려서 갚아 주겠다고 약속하고 계십니다. 이처럼 고난이 끝나면 모든 것이 영화롭게 회복됩니다.

그러나 에돔 사람들에게는 그런 소망이 없습니다. 이스라엘 백성들의 고난이 끝나면 에돔은 무대에서 내려가야 합니다. 그래서 에돔 사람들이 제일 불쌍한 사람들입니다. 이스라엘 백성들을 길들이기 위해서 애는 많이 썼지만 결국 그것은 하나님을 괴롭힌 것입니다. 이스라엘 백성들의 훈련이 다 끝나면 멸망당해야 하는 것이 그들의 운명이었습니다.

훈련을 받는 자에게는 소망이 있습니다. 그러나 훈련을 시키는 자에게는 소망이 없습니다. 훈련받는 자는 임관할 때가 옵니다. 그러나 훈련시키는 자는 훈련받는 자가 임관하는 것과 동시에 퇴직금 없이 쫓겨나야 합니다. 이것이 하나님이 정하신 법칙입니다. 5절과 6절을 보십시오.


혹시 도적이 네게 이르렀으며
강도가 밤중에 네게 이르렀을지라도
그 마음에 만족하게 취하면
그치지 아니하였겠느냐?
혹시 포도를 따는 자가 네게 이르렀을지라도
그것을 얼마쯤 남기지 아니하였겠느냐?
네가 어찌 그리 망하였는고?
에서가 어찌 그리 수탐되었으며

그 감춘 보물이 어찌 그리 수탐되었는고?

도둑도 다 훔쳐가지는 않습니다. 껌을 발라 놓거나 뭘 싸놓고 가기는 해도 물건의 일부는 남겨 놓습니다. 또 포도 따는 사람이 와도 포도의 일부는 남겨 놓습니다. 그러나 에서의 것은 깡그리 다 가져갔어요. 이것이 이스라엘을 훈련시킨 에돔의 최후입니다.

하나님은 자기 백성들의 눈에서 눈물이 흐르게 하고 그 입에서 탄식이 나오게 한 자들을 절대로 그냥 두지 않으십니다. 하나님은 자기 백성을 훈련시키기 위해서 악의 세력을 이용하시지만, 그 악의 세력은 반드시 망하게 되어 있습니다. 하나님의 백성들을 괴롭히는 것은 바로 하나님을 대적하는 것이기 때문입니다.

그래서 예수님께서 말씀하신 것이 무엇입니까? 원수를 위해 기도하라는 것입니다. 왜냐하면 그들이야말로 가장 불쌍한 사람들이기 때문입니다. 이 세상에서 가장 불쌍한 사람은 하나님의 백성들을 훈련시키는 용도로 사용되는 훈련 교관입니다. 그들은 맡은 임무가 끝나면 망하게 되어 있습니다. 교관 자리에 있을 동안에는 하나님을 대적하면서도 그렇게 잘될 수가 없습니다. 그러나 끝이 비참합니다. 아무 것도 남지 않습니다.

여러분, 그러므로 하나님의 백성은 에돔 사람과 달라야 합니다. 하나님의 백성은 남이 잘되는 것을 기뻐해 주어야 하고,

남이 안되는 것을 안타까워해야 합니다. 남이 망했을 때 "그것 봐, 내가 뭐라고 했어?" 하면서 웃고 좋아하지 마십시오. 누가 좀 잘되면 배아파하고 누가 좀 안되면 좋아하고 박수치는 사람을 하나님은 에돔과 똑같이 여기시고, 에돔과 함께 넘겨 버리십니다. 에돔이 망할 때 추가로 같이 망해 버려요.

하나님의 백성이 에돔과 다른 점이 무엇입니까? 원수를 위해서 기도하는 것입니다. 나를 괴롭히는 사람의 최후를 내다보고 안타까워하면서 불쌍히 여기는 것입니다. 오히려 그 사람이 나를 괴롭히면 괴롭힐수록 더 그를 위해 기도하고 그의 영혼을 염려할 때, 하나님은 "아, 얘는 종류가 다르구나" 하면서 나를 지켜 주십니다.

그뿐만 아니라 에돔 사람들을 위하여 계속 기도하면 그들 중에서 구원받는 사람이 나올 수도 있습니다. 성경을 보면 실제로 그런 일이 있었습니다. 스데반이 자기를 시기해서 돌로 치는 사람들을 위하여 기도했을 때 어떤 일이 일어났습니까? 그 중에 한 사람이 회개하는 일이 일어났습니다. 그 사람이 바로 후에 위대한 복음전도자로 사용된 사울입니다. 사울이 회개하고 나서 그 집요함과 끈질김으로 주님을 섬기니까 엄청난 일이 일어났습니다. 에돔이 한 번 회개하면 그 근성으로 굉장히 잘 믿어요. 그래서 에돔이 회개했다는 것은 엄청난 축복입니다.

여러분, 원수들을 위하여 기도해 주십시오. 그들은 정말 불쌍한 사람들입니다. 어느 순간에 미끄러질지 몰라요. 내가 그들과 다르다는 것을 보여 주십시오. 그가 나를 괴롭힐 때 나도 같이 괴롭히고, 그가 나를 조롱할 때 나도 같이 조롱하면 다 똑같은 종류가 됩니다. 그 사람이 망할 때 같이 망해 버려요. 그리스도인들은 무언가 달라야 합니다. 그래야 망할 때 딱 구분이 됩니다.

원수를 위해 기도하는 사람에게는 에돔 콤플렉스가 없습니다. '저 사람은 저럴 수밖에 없는 사람이구나. 사람들이 보기에는 완전하지만 속사람은 열등감에 사로잡혀 있는 형편없는 사람이구나. 저 사람이 내 마음에 굉장한 상처를 입혔지만 사실은 저 사람이 더 불쌍하다. 내 상처는 다 치료되었지만 저 사람의 공허함과 이중인격은 영원히 없어지지 않을 텐데, 어떻게 하면 좋을까?' 이런 마음을 갖는 것이야말로 하나님 앞에 굉장히 아름다운 것이며, 에돔을 이기는 길입니다.

여러분, 그리스도인들은 세상에서 완벽해 보이는 사람들보다 엄청나게 더 아름다운 사람들입니다. 이 세상에서 돈과 학문과 인물을 갖춘 사람들보다 훨씬 더 뛰어난 사람들입니다. 그리고 그만큼 더 아량이 넓은 사람들입니다.

## 하나님의 주권

우리는 에돔이 망하는 것을 보면서 하나님이야말로 모든 것을 주관하시는 전능자시라는 것을 알 수 있습니다. 하나님은 독수리처럼 높은 곳에 집을 짓고 별 사이에 있는 것처럼 난공불락의 성에 살고 있는 에돔 사람들을 끌어내려서 땅에 내동댕이치는 분이십니다. 1절과 2절을 보십시오.

오바댜의 묵시라.
주 여호와께서 에돔에 대하여 이같이 말씀하시니라.
우리가 여호와께로 말미암아 소식을 들었나니
곧 사자가 열국 중에 보내심을 받고 이르기를
너희는 일어날지어다.
우리가 일어나서 그로 더불어 싸우자 하는 것이니라.
여호와께서 가라사대
내가 너를 열국 중에 미약하게 하였으므로
네가 크게 멸시를 받느니라.

에돔은 무너질 나라가 아닙니다. 그러나 하나님께서는 모든 나라에 사신을 보내셔서 에돔을 공격하게 하겠다고 말씀하십니다.

세상 일은 꼭 사람의 뜻대로 되지 않습니다. 아버지가 사업을 하시는 것을 보았는데 늘 하시던 말씀이 99.99퍼센트가 확실해도 0.01퍼센트 때문에 안 된다는 것이었습니다. 그것은 틀림없는 사실입니다. 여기에서 돈을 끌어오고 저기에서 사람을 채용하면서 99.99퍼센트까지 해놓았는데 0.01퍼센트 때문에 일이 깨지는 것을 우리는 많이 봅니다. 그래서 사업하는 사람들은 미신을 참 잘 믿습니다. 제아무리 잘난 사람도 집에서 나가다가 신발끈이 끊어지면 불길하게 생각해요.

사람 일이 참 이상합니다. 어떤 일은 아무 것도 준비하지 않았는데도 저절로 되고, 어떤 일은 100퍼센트 준비했는데도 안 됩니다. 왜 그렇습니까? 하나님이 간섭하시기 때문에 그렇습니다. 에돔을 보십시오. 이 나라는 망할래야 망할 수 없는 나라입니다. 대인관계 좋지요, 인물 좋지요, 지혜 있지요, 도저히 옆 나라가 침공할 수 없는 나라예요. 그런데 하나님이 간섭하시니까 갑자기 망해 버렸습니다.

그러니까 형편이 어려운 교인들에게 평소에 잘 해주십시오. 한순간에 상황이 바뀔 수 있습니다. 청소년들한테 평소에 잘 해주십시오. 그들이 어떻게 바뀔지 모릅니다. 매일 애먹이던 애들이 쑥쑥 자라서 일하는 걸 보면 진짜 놀랍습니다. 그래서 평소에 잘 해주어야 합니다. 사람 처지가 어떻게 바뀔지 압니까? 하나님이 한번만 간섭하시면 확 바뀌어 버립니다.

하나님은 우리의 삶에 계속 간섭하십니다. 그래서 내가 100퍼센트 계획을 세워도 하나님이 막으시면 안 되고, 가능성이 0퍼센트라도 하나님이 하시면 됩니다. 우리의 머리와 하나님의 뜻 가운데 어느 것을 믿어야 합니까? 그리스도인으로서 100퍼센트를 추구하는 사람은 올바른 그리스도인이 아닙니다. 완벽을 추구하는 사람은 언젠가는 무너집니다. 그러나 하나님이 개입하실 여지를 만들어 놓는 사람한테는 우리 생각으로는 전혀 안 될 일도 됩니다. 그러니까 완벽하면 안 돼요. 늘 좀 부족해야 하고, 늘 좀 엉성해야 하고, 하나님이 개입하시도록 늘 하나님을 초청해야 합니다.

우리가 미래에 대해 생각해야 할 것이 무엇입니까? 내 삶을 세상을 향하여 열어 놓는 것이 아니라 하나님을 향하여 열어 놓는 것입니다. 하나님이 내 삶에 들어오셔서 마음대로 하시도록 "내 삶은 내 것이 아닙니다"라고 고백해 보십시오. 처음에는 하나님이 꼭 시험해 보십니다. 말로는 자기 삶을 드렸다고 하면서도 실제로는 하나도 내놓지 않는 사람이 있거든요. 그런데 시험해 봐서 정말 하나님을 향해 열려 있는 사람은 하나님이 사용하십니다. 사용하셔도 아주 영광스럽게 사용하십니다.

하나님께서 인간적인 방법이 성공하는 것처럼 보이도록 일시적으로 허용하시는 것은 그 방법이 얼마나 어리석은 것인지 보여 주시기 위해서입니다. 인간적인 방법이 성공하기 시작하면 사람들이 주목하기 시작하고 그 인간적인 방법이 높아지기 시작합니다. 사람들이 그 방법을 막 찬양합니다. 그런데 그것이 한꺼번에 무너져 버릴 때, 사람들은 역시 이 방법은 아니라는 사실을 깨달으면서 다시 한 번 하나님을 주목하게 됩니다.

악의 정체가 들통나서 그 세력이 완전히 파헤쳐지는 것은 하나님의 간섭 없이 이루어질 수 없는 일입니다. 하나님이 간섭하지 않으셨다면 지금 5공 세력들이 법정에 서지도 못했을 것입니다. 이것은 하나님이 하신 일입니다. 사람이 아무리 민주화를 부르짖어도 민주화가 안 됩니다. 그러나 하나님이 간섭하시면 됩니다.

악이 왜 망합니까? 악은 반드시 교만하게 되어 있고, 교만한 사람은 꼭 자기 도취에 빠지게 되어 있기 때문입니다. 자기 도취에 빠진 사람에게는 정상적인 분별력이 없어집니다. 그래서 결국은 넘어집니다.

그러나 겸손한 사람은 모든 일이 뜻대로 잘될 때 굉장히 조심하고 금식하며 기도합니다. 왜냐하면 잘되는 것이 얼마나 위험한 일인지 알고 있기 때문입니다. 그리스도인의 힘은 오직 하나님에게서 나옵니다. 그러므로 일이 잘된다고 해서 거기에 속으면 안 됩니다. 하나님이 침묵하시면 어떤 일이든 이룰 재주가 없습니다. 하나님이 나에게 힘을 주셔야 하고 하나님이 나를 불쌍히 여기셔야 합니다.

그래서 현명한 그리스도인들은 돈이 있을 때 돈을 더 안 씁니다. 어리석은 사람들이나 돈을 풍덩풍덩 여기 저기 쓰는 것이지, 진짜 그리스도인은 돈이 있어도 한 푼도 없는 사람처럼 삽니다. 왜 그렇습니까? 하나님이 나를 계속 불쌍히 여겨 주시길 바라기 때문입니다. 그런 사람은 높아지면 높아질수록,

바빠지면 바빠질수록 하나님 앞에 더 오래 무릎을 꿇습니다. 속지 않기 위해서, 자기 도취에 빠지지 않기 위해서입니다.

사람이 망하는 것은 자기 도취에 빠지기 때문입니다. 자기 도취에 빠진 사람들은 상식적으로 당연히 틀린 것도 맞다고 확신하고, 다른 사람이 볼 때는 말도 안 되는 일인데도 자기는 하나님의 뜻이라고 굳게 믿습니다. 그런 사람은 꼭 죽을 짓만 기가 막히게 골라서 해요. 앉아도 꼭 총 맞을 데 가서 앉아 있습니다. 왜 그렇습니까? 하나님께서 정상적인 분별력을 거두어 가시기 때문입니다.

그리스도인은 완전하지 않기 때문에 시행착오를 겪습니다. 그러나 그렇게 잘못했을 때 성령께서는 "너는 지금 잘못 생각하고 있어. 늦기 전에 빨리 바꿔" 하는 부담을 계속 주십니다. 그리고 어떤 경우에는 조금만 더 기다리라는 확신을 주시기도 합니다. 이것은 성령께서 간섭하시는 것입니다.

이렇게 하나님은 자신이 사랑하는 자들의 건전한 판단력을 지켜 주십니다. 이것이 굉장히 중요합니다. 교회에서 배우는 것이 무엇입니까? 신앙은 신비이지만 건전한 분별력을 배제하지 않는다는 것입니다. 아주 건전한 상식에 기초하고 있고 이성적으로 충분히 납득이 가면서도 어느 순간에는 도저히 따라갈 수도 없고 이해할 수도 없을 만큼 놀라운 것, 이것이 바로 신앙입니다.

하나님께서는 그가 사랑하시는 자들에게 이 두 가지를 주십니다. 즉 아주 건전한 분별력을 가지고 있으면서도, 어느 순간부터는 이 분별력을 뛰어넘어서 자기의 모든 것을 다해 하나님을 향하여 전진하는 놀라운 힘을 주시는 것입니다. 이것이 신앙의 역동성입니다.

하나님의 사람은 처음에는 누구라도 알아들을 수 있는 이야기를 합니다. 그러나 어느 한순간부터는 땅을 박차고 창공을 향해 날아가기 시작합니다. 그때부터는 사람들이 상식으로 이해하지를 못합니다. 저 상식적인 사람이 왜 저기서부터는 저런 식으로 나가는지 도저히 이해를 못 해요. 이것이 신앙의 역동성입니다. 만약 처음에도 이해가 안 되었는데 끝까지 이해가 안 되는 사람이 있다면 그 사람은 역동적인 신앙을 가진 사람이 아니라 신비주의자입니다. 그 상태가 좀더 심해지면 미치는 것입니다.

에돔이 분별력만 가지고 있었다면 망하지 않았을 것입니다. 그런데 그들은 동맹군을 끌어들였습니다. 너무 스스로 과신한 나머지 동맹한 나라들이 감히 자신을 배신하리라는 생각을 못하고 그들을 끌어들인 것입니다. 에돔은 결국 그들의 반역으로 깡그리 망하고 말았습니다.

신앙을 가진 사람은 자기 도취에 빠지면 안 됩니다. 자기 도취는 남들은 다 우습게 생각하면서, 자기만 똑똑하고 자기만 신앙이 좋다고 생각하는 것입니다. 그러나 자신을 유별난 사람으로 생각하는 사람은 그만큼 유별나게 넘어지게 되어 있습니다. 넘어져도 굉장히 멋있게, 크게 넘어집니다. 그런 사람은 하나님이 자기를 떠났는데도, 자기는 하나님과 함께 있다고 생각합니다. 삼손처럼 머리털이 다 뽑혔는데도 나와서 힘을 쓰려고 하는 것입니다. 얼마나 우스운 일입니까?

현실에서 만족되지 않는 것을 공상으로 대리만족하는 것은 우상을 섬기는 일이며, 제2계명을 어기는 일입니다. 공상은 무서운 자기 도취입니다. 저는 청소년 때 공상에 빠져서 살았습니다. 저는 그리스도인인 동시에 우상숭배자였습니다. 그러나 주님이 제 마음속에 오신 이후에 굉장히 현실적인 사람이 되었습니다.

그리스도인은 현실주의자입니다. 할 수 있는 것은 할 수 있다고 하고, 할 수 없는 것은 할 수 없다고 합니다. 할 수 없는 것을 할 수 있는 것처럼 허세를 부리지 않을 뿐 아니라 할 수 있는 것은 덤벼들어서 꼭 해냅니다. 이런 사람은 하나님이 떠났는데도 하나님이 계신 것처럼 착각하지 않습니다. 그는 성령이 계시는가 떠나셨는가 하는 부분에 가장 민감합니다. 그에게는 기도하는 가운데 성령이 회복되는 것을 느낄 때보다 더 기쁠 때가 없습니다.

성령 안에서 교제한다는 것은 있는 것 없는 것 다 빼주면서 인간적으로 사귀는 것이 아닙니다. 성령의 사랑은 절제된 사랑입니다. 언어도 절제해서 사용하고, 사랑의 감정도 절제해서 표현하고, 관계도 절제해서 맺습니다. 이 사랑은 상처가 없을 뿐 아니라 굉장히 아름답습니다. 아무리 오래 사귀어도 전혀 문제가 없어요.

에돔은 한때 지혜로 유명했던 나라입니다. 욥기에 데만 사람 엘리바스가 나오지요? 에돔, 특히 데만(오바댜서에는 '드만'으로 표기됨)의 지혜는 정말 대단했습니다. 여기에는 지혜로운 사람들이 많았어요. 그러나 에돔이 망할 때는 놀랍게도 지각 있는 사람들이 없었습니다. 그 이유가 무엇입니까? 하나님이 성신을 거두어 가셨기 때문입니다.

하나님이 성신을 거두시면 사람들은 광란의 도가니에 빠지게 되어 있습니다. 청소년들이 광란의 도가니에 빠지는 것은 하나님이 성령의 일반적인 은총을 거두어 가셨기 때문입니다. 그 다음에는 무서운 패망이 옵니다. 그러므로 그리스도인은 반드시 자기의 의식을 지킬 수 있어야 하고, 자기의 감정을 지킬 수 있어야 합니다. 감정을 지킬 수 없고 정신이 뽕갈 정도로 흥분한다면, 그것은 성령의 역사라기보다는 광란의 도가니일 가능성이 더 많습니다.

오늘 본문이 우리에게 말씀하고 있는 것이 무엇입니까? 하나님의 백성에게는 꼭 에돔처럼 가까운 원수가 있다는 것입니다. 이 가까운 원수는 인간적으로 나무랄 데가 없이 완벽해서 그 사람 앞에만 가면 기가 죽지 않을 수 없는 사람입니다. 하나님이 왜 이런 원수를 가까이에 마련해 두셨습니까? 은혜만으로는 우리가 바뀌지 않기 때문입니다. 오히려 우리는 은혜를 받을수록 더 교만해지고 더 감사하지 않습니다. 그래서 가시를 옆에 박아 놓으시고 우리를 겸손하게 만드시는 것입니다.

에돔이 우리에게 미치는 정신적인 영향력은 굉장히 크고 치명적입니다. 이 에돔 콤플렉스를 극복하는 방법이 무엇입니까? '에돔은 나를 위해 존재한다. 그러므로 나는 저 사람을 사랑하고 저 사람을 위해 기도해야 한다'고 생각하는 것입니다. 그렇게 할 때 다른 사람이 나에게 말로 준 상처나 금전적으로 준 상처나 행동으로 준 상처가 깨끗이 해결됩니다.

고난받는 우리에게는 영광스럽게 회복될 때가 올 것입니다. 그러나 훈련시키는 사람들에게는 몰락이 기다리고 있습니다. 그러므로 우리는 그들과 달라야 합니다. 그들을 사랑하고 그들을 위해 기도해야 합니다. 예수 믿는 사람이 마음이 나쁘면 안 돼요. 예수 믿는 사람은 진짜 착해야 합니다. 목사는 진짜 선량해야 해요. 헬라어나 히브리어를 아무리 달달달 잘해도 심통이 사나우면 에돔 사람과 다를 바가 없습니다.

여러분, 하나님이 간섭하십니다. 그래서 100퍼센트 준비한 계획이 실패로 돌아갈 때도 많고, 안 된다고 생각했던 일에서 의외로 큰 열매를 얻을 때도 많습니다. 이것은 하나님이 이 세상을 저절로 굴러가도록 내버려두지 않고 계속 간섭하고 계시다는 증거입니다.

그러므로 우리 하나님을 바라봅시다. 자신을 바라보던 눈, 옆 사람들을 바라보던 눈, 세상을 바라보던 눈을 들어 하나님을 바라봅시다. 거기에 모든 문제의 답이 있습니다.

여러분, 하나님이 우리를 불쌍히 여기시게 합시다. 부족한 모습으로 하나님 앞에 나타납시다. 일이 잘되면 잘될수록 더 부족해집시다. 그러면 하나님의 은혜와 인자와 진실이 영원히 우리에게 임할 것입니다.

## 우리의 기도

거룩하신 아버지 하나님,
하나님은 우리의 완악하고 부패한 본성을
아시기 때문에 가시 같은 사람들을 통해서
우리를 연단하실 때가 많습니다.
왜 내 곁에 이렇게 나를 힘들게 하는 사람들이 있는지
원망스러울 때가 많지만, 그런 사람들이 없다면
우리는 결코 낮아지지 않을 것이며
자기 도취에 빠질 수밖에 없을 것입니다.
오늘 우리가 꿈에서 깨게 해주옵소서.
현실을 보게 해주시고,
건전한 분별력을 사용하게 해주옵소서.
나의 계획을 100퍼센트 믿지 말고
전능하신 하나님을 향하여
우리 입술과 마음을 열게 해주옵소서.
가까운 원수를 사랑하고 그들을 위해 기도함으로써
우리는 그들과 무언가 다른 하나님의 백성이라는 것을
입증할 수 있도록, 우리에게 선하고 아름다운 마음을
허락해 주옵소서.

우리가 다른 사람에게 받은 마음의 상처가 있다면
하나님이 주신 이 계획과 뜻을 이해함으로써
그 모든 상처가 치유되게 해주시고
이 고난의 시간이 끝났을 때
영광스러운 모습으로 나타나게 해주옵소서.
예수님의 이름으로 기도하옵나이다. 아멘.

# 에돔은 왜 이스라엘을
# 미워하는가?

네가 네 형제 야곱에게 행한 포학을 인하여
수욕을 입고 영원히 멸절되리라.
네가 멀리 섰던 날,
곧 이방인이 그의 재물을 늑탈하며
외국인이 그의 성문에 들어가서
예루살렘을 얻기 위하여 제비 뽑던 날에
너도 그들 중 한 사람 같았었느니라.
네가 형제의 날,
곧 그 재앙의 날에 방관할 것이 아니며,
유다 자손의 패망하는 날에 기뻐할 것이 아니며,
그 고난의 날에 네가 입을 크게 벌릴 것이 아니라.
내 백성이 환난을 당하는 날에
네가 그 성문에 들어가지 않을 것이며,
환난을 당하는 날에
네가 그 고난을 방관하지 않을 것이며,
환난을 당하는 날에
네가 그 재물에 손을 대지 않을 것이며,
사거리에 서서 그 도망하는 자를 막지 않을 것이며,
고난의 날에 그 남은 자를 대적에게
붙이지 않을 것이니라.

옵 1:10-14

사람들에게는 다른 짐승들에게 없는 특이한 것이 하나 있습니다. 그것은 바로 열등감이라는 것입니다. 짐승들은 자기가 못생겼다고 해서 열등감을 느끼지도 않고, 다른 짐승들이 인정해 주지 않는다고 해서 섭섭해 하지도 않습니다. 짐승들은 싸움에서 지면 그냥 진 줄 알고 삽니다. 또 저 짐승이 나를 무시했다, 나를 뚱뚱하다고 욕했다고 해서 마음속에 꽁하게 품고 나중에 복수할 마음을 품지 않습니다.

　그러나 사람은 그렇지가 않습니다. 다른 사람에게 인정을 받지 못하거나 경쟁에서 지면 그것이 분노의 감정이 되어 마음속에 자리잡습니다. 그래서 다른 기회에 다른 것으로라도 인정을 받고 보상을 받지 않으면 이 분노가 없어지지 않습니다. 이것이 바로 열등감이고 콤플렉스입니다.

이 콤플렉스는 사람들을 항상 지나치게 행동하게 만듭니다. 객관적으로 볼 때 어떤 수준까지만 하면 되는데도, 그 수준에 만족하지 못하고 항상 넘어서게 만들어요. 이것은 그 속에 분노의 힘이 있기 때문입니다.

믿는 사람들은 신앙 때문에 믿지 않는 사람들에게 핍박받을 때가 있습니다. 그런데 그 핍박은 전혀 모르는 사람보다는 잘 아는 사람에게서, 또 먼 데 있는 사람보다는 가까이 있는 사람에게서 올 때가 많습니다. 그렇게 그리스도인들을 미워하는 사람들의 속으로 깊이 들어가 보면 그 마음에 열등감이 있다는 것을 발견하게 됩니다.

오늘 본문은 하나님께서 왜 에돔 사람들을 멸망시킬 수밖에 없는지 그 이유를 말씀하고 있습니다. 하나님께서 에돔을 멸망시킬 수밖에 없는 것은 이스라엘 백성들에 대한 지나친 행동들 때문입니다. 본문을 보면 '이렇게 할 것이 아니라', '이렇게 하지 말 것이니라'는 말이 계속 나오고 있습니다. 무슨 뜻입니까? 굳이 그렇게까지 할 필요가 없는 행동을 에돔이 지나치게 했다는 것입니다.

이스라엘 백성들에 대한 에돔 사람들의 태도에는 확실히 심한 데가 있었습니다. 다른 사람이 볼 때 '저렇게까지 할 필요는 없는데'라고 생각할 정도로 항상 지나치게 행동했어요. 왜 그렇게 했습니까? 열등감 때문이었습니다. 마음속에 있는 분노의 감정 때문이었습니다.

겉으로 보기에 이스라엘 백성들에게는 에돔보다 나은 구석이 하나도 없었습니다. 그런데 나타나는 결과는 항상 자기들보다 좋을 뿐 아니라 잘난 체까지 하는 것입니다. 에돔 사람들은 하나님께서 이들을 특별히 사랑하시며, 더 나아가 편애하신다는 것을 희미하게 느끼고 있었습니다. 왜 하나님은 똑똑한 에돔을 사랑하지 않으시고 별것도 아닌 이스라엘 백성들을 더 사랑하시는 것입니까? 이것은 에돔 사람들의 마음속에 열등감으로 자리잡았습니다. 그래서 그들은 이스라엘 백성들을 도에 지나치게 미워했습니다.

이것은 오늘날 우리들도 마찬가지입니다. 하나님이 정말 나를 사랑하신다면 옆에 있는 사람들이 반드시 시기하고 미워하게 되어 있습니다. 그러므로 참 하나님의 백성은 옆에 있는 사람들이 자기를 시기하고 질투하며 미워하는 것을 이상하게 생각해서는 안 됩니다. 그것은 당연한 일입니다.

그러나 하나님의 백성을 미워하는 그 사람들은 이들을 미워하기보다는 다른 방법을 택했더라면 더 좋을 뻔했습니다. 에돔 사람들이 이스라엘 사람들을 미워하고 시기하고 질투하는 것을 이해하지 못 하는 것은 아닙니다. 그러나 꼭 그렇게 지나치게 미워하고 보복해야 했습니까? 그들에게 긍휼을 베풀 수는 없었을까요?

## 에돔이 이스라엘을 미워하는 이유

오늘 본문을 보면 이스라엘 사람들을 향한 에돔의 미움이 구절구절마다 여실히 드러나고 있습니다. 어떤 사람을 보면 그 사람이 나를 미워하고 있다는 것이 행동 하나하나마다 드러나는 경우가 있어요. 눈빛이나 말할 때 입이 씰룩거리는 모양에서 그가 정말 나를 미워하고 있다는 것이 너무나 분명히 드러날 때 마음이 참 아프지요. 에돔 사람들은 이스라엘 사람들을 정말 그렇게 미워했고, 정말 그렇게 시기했습니다. 에돔 사람들이 이스라엘을 그토록 미워한 이유가 무엇입니까?

우선 첫째로 그들의 관계에 문제가 있었습니다. 사람이 다른 사람과 어울려 살려면 서로를 위해서 무언가 맞추어 주는 것이 있어야 합니다. 좋든 싫든 맞추는 흉내라도 내야 해요. 예를 들어 직장생활 하는 사람은 회사에서 휴일에 등산 간다고 하면 좋든 싫든 따라가 주어야 하고, 회식을 한다고 하면 귀찮아도 가서 먹어 주어야 합니다. 또 집안에 친척들이 모일 일이 있으면 아무리 가기 싫어도 가야 합니다. 사람들은 그렇게 맞춰 주지 않는 사람을 너무너무 싫어합니다. 식구들이 모이는 날에 수련회에 가거나, 직장 동료들이 어렵게 시간을 내서 회식을 하는 날에 금요기도회에 간다고 하면 막 떨면서 미워해요.

하나님의 백성들은 다른 사람에게 잘 맞추어 가면서 살지 못합니다. 왜냐하면 그들에게는 더 중요한 관계가 있기 때문입니다. 그것은 바로 하나님과의 관계입니다. 그리스도인들은 이웃 때문에 사는 것이 아닙니다. 하나님 때문에 사는 것입니다. 그래서 직장 동료들이나 심지어 식구들에게 맞추지 않고, 하나님께 모든 것을 먼저 맞춥니다. 식구들은 집안에 중요한 일이 있을 때마다 꼭 주일에 약속을 잡아 놓지요, 휴가와 수련회는 대개 겹치게 마련이지요, 그러니까 거기에 맞출 수 없는 경우가 대부분입니다.

한 집에서 살려면, 또 같은 사회에 어울려서 살려면 서로에게 최선을 다하거나 적어도 최선을 다하는 척이라도 해야 하는데, 이 사람들은 예배시간은 꼬박꼬박 챙기면서 다른 사람들에게는 무관심하고 최선을 다하지 않습니다. 그러니까 싫지요. 먼 데 있는 사람들은 잘 모르니까 별 상관 없지만, 가까이 있는 사람들은 아주 싫어합니다. 좋은 시간과 좋은 물질은 눈에 보이지도 않는 하나님께 다 바쳐 버리고, 정신이 맑을 때는 실컷 예배드리다가 집에 들어올 때는 지칠대로 지쳐서 오는 사람을 누가 좋아하겠습니까?

에돔 사람들이 이스라엘 백성들에게 느끼는 불만이 바로 그런 것이었습니다. '왜 너희는 우리와 형제라고 하면서 하나님께 에너지를 다 소비해 버리고 우리 에돔한테는 최선을 다하지 않느냐? 왜 우리는 너희한테 두 번째도 아니고 세 번째, 네 번째가 되느냐?' 는 것이지요.

이것은 대단히 위험한 발상입니다. 왜냐하면 에돔은 자기도 모르는 사이에 하나님과 자신을 경쟁적인 관계에 두고 있기 때문입니다. 물론 한 직장이나 한 집에 살면서 서로 최선을 다하자는 것이 나쁜 것은 아닙니다. 그러나 그들은 자기도 모르는 사이에 자신을 하나님과 대등한 위치에 놓고 경쟁하고 있습니다. 이것은 무서운 교만입니다.

에돔이 이스라엘 사람들을 미워하는 두 번째 이유는 이스라엘 사람들의 태도에 있었습니다. 세상 사람들은 무언가 자기보다 높거나 나은 사람들을 보면 그 앞에서 굽신거리고 아첨하는 경향이 있습니다. 세상 사람들은 아첨을 좀 해주는 사람이 있어야 살맛이 납니다. 그렇게 높은 자리에 올라가려고 애쓰며 부자가 되려고 노력하는 이유가 무엇입니까? 그래야 다른 사람들이 나한테 굽신거리기 때문입니다.

그러나 하나님의 백성들은 별것도 아닌 주제에 아첨을 하지 않았습니다. 그들이 아첨하지 않는 것은 하나님 외에 다른 신을 두지 말고 다른 것에게 절하지 말라는 제1계명과 제2계명 때문입니다. 그러나 그 계명이 없어도 하나님의 백성들은 이방인들을 두려워하지 않습니다. 왜냐하면 늘 성경에서 들은 것이 그런 이방인들의 멸망이거든요. 그래서 그들은 겉으로 그런 소리를 하지는 않지만, 속으로는 '너는 언젠가는 우리 하나님의 손에 망하고 말 거야' 라는 생각을 가지고 있습니다. 그러니까 그들을 두려워할 이유가 어디 있습니까?

에돔의 입장에서 보면 이스라엘 백성들이 늘 남한테 얻어먹는 주제에 아첨하지 않고 굽신거리지 않는 것도 화가 나는데, 거기에다가 말로는 하지 않아도 눈초리에 무언가 '너희는 망할 거다' 하는 것 같은 느낌까지 오니까 더 화가 나서 견딜 수가 없었습니다. 자기가 지금 이 자리에 오기까지 얼마나 손을 많이 비벼가면서 애를 썼습니까? 그런데 이스라엘 백성들이 도대체 뭐라고 절도 안 하고 아첨도 안 할 뿐 아니라 업신여기는 눈초리로 쳐다보기까지 하는 것입니까?

에스더서에서 볼 수 있는 것이 바로 이런 것입니다. 하만은 아말렉 후손이었는데, 어찌어찌해서 페르시아 왕국의 아주 높은 자리에 오르게 되었습니다. 하만이 그 자리에 오르기까지 얼마나 애를 많이 썼겠습니까? 진짜 헌신적으로 온갖 아부와 아첨을 다해서 그 자리까지 올라갔을 것입니다. 그래서 그는 그만큼 남들이 자기에게 더 아첨하고 더 뇌물을 바치기를 기대했습니다.

그런데 모르드개라는 유대인이 자기를 우습게 아는 거예요. 이것이 그렇게 마음에 부담이 될 수가 없습니다. 인생의 재미가 어디에 있습니까? 서로 간지럽게 아첨해 주고 아부해 주며 사는 데 있지 않습니까? 그런데 이 바보 같은 모르드개는 왜 절도 하지 않고 아첨도 하지 않는 것입니까? 그는 자기가 그렇게 애써서 쌓아올린 권력과 부를 전혀 인정해 주지 않았습니다. 그것을 본 하만의 마음속에는 알 수 없는 열등감이 생기면서 분노가 솟아 올라왔습니다.

그러나 더 심각한 문제는 이스라엘 백성들의 위선에 있었습니다. 하나님의 백성들이 하는 말을 들으면 하나도 틀린 것이 없습니다. 다 옳고 정당해요. 그런데 가만히 보니까 막상 자기 자신들은 그 말처럼 살지 않는 거예요. 그렇게 잘났으면 자기들이 말한 대로 살아야 할 것이 아닙니까? 그러나 실제로는 그렇게 못 사는 것입니다. 급한 일이 닥칠 때 보니까 에돔 사람이나 이스라엘 사람이나 다를 바가 없어요. 어떤 때는 오히려 더 이기적이에요. 그런데도 그렇게 혼자 똑똑한 척, 혼자 잘난 척하는 위선적인 모습을 볼 때 분노가 폭발하는 것입니다.

## 그래도 에돔의 행동은 지나치다

이스라엘 백성들이 강했을 때는 에돔이 건드리지 못했습니다. 그러나 그들이 어려움을 당하자 얼마나 기분이 좋았던지 그 어려움의 기회를 이용해서 마음껏 복수하고 괴롭혔습니다. 하나님은 이것을 그들에게 지적하고 계십니다. 10절을 보십시오.

네가 네 형제 야곱에게 행한 포학을 인하여
수욕을 입고 영원히 멸절되리라.

이것은 서론에 불과합니다. 하나님은 에돔 사람들이 이스라엘 백성들을 얼마나 혹독하게 괴롭혔는지 계속 고발하고 계십니다. 11절에 보면 외국인들이 예루살렘을 약탈하기 위하여 제비를 뽑을 때 그들도 똑같이 약탈했습니다.

저도 그런 장면을 본 적이 있습니다. 어떤 사람이 빚을 다 갚지 못해서 빚쟁이들이 몰려와 집에 있는 물건들을 다 가져갔습니다. 그때 가장 심하게 가져간 사람들이 바로 삼촌, 사촌, 오촌들이었어요. 가까운 친척들이 그 집에 있는 분재나 테니스 라켓까지 싹 다 챙겨 갔습니다. 아주 무섭더라구요.

사실 형제나 친척은 위기 때 피할 수 있는 마지막 보루입니다. 그런데 어떤 집을 보면 가장 무서운 사람들이 바로 형제들입니다. 에돔 사람들은 예루살렘이 약탈당할 때 혹시라도 다른 사람들에게 뒤질세라 더 심하게 노략질을 했습니다. 그것을 하나님이 보셨습니다.

게다가 그들은 거기에서 그친 것이 아니라 이스라엘 백성들이 망하는 것을 너무나 좋아하고 기뻐했습니다. 12절을 보십시오.

네가 네 형제의 날,
곧 그 재앙의 날에 방관할 것이 아니며
유다 자손의 패망하는 날에 기뻐할 것이 아니며
그 고난의 날에 네가 입을 크게 벌릴 것이 아니라.

이들은 이스라엘 백성들이 망하는 것을 보고 너무나 좋아서 입을 다물지 못했습니다. 철천지원수가 망한 것처럼 입을 벌리고 기뻐했어요. 그리고 그들은 이스라엘 백성들의 재물에 손을 댔습니다. 13절을 보십시오.

> 내 백성이 환난을 당하는 날에
> 네가 그 성문에 들어가지 않을 것이며
> 환난을 당하는 날에
> 네가 그 재물에 손을 대지 않을 것이며

그리고 최종적으로 그들은 도망치는 이스라엘 백성들을 잡아서 노예로 팔아 넘겼습니다. 에돔 사람들은 이스라엘 사람들을 노예로 팔아 넘기는 전문가들이었습니다. 14절을 보십시오.

> 사거리에 서서 그 도망하는 자를 막지 않을 것이며
> 고난의 날에 그 남은 자를 대적에게
> 붙이지 않을 것이니라.

하나님께서 에돔 사람들에게 하시는 말씀이 무엇입니까? 이스라엘 백성들에게 시기심이 생기고 감정이 좋지 못한 것까지는 이해가 간다는 것입니다. 그들도 인간이니까 그럴 수 있습니다. 그러나 꼭 이렇게까지 할 필요가 있었느냐고 물으십니다. 마음속으로 '이스라엘이 교만하더니 망하는구나' 하고 생각하는 정도로만 그쳤어도 에돔은 망하지 않는다는 거예요.

'한때는 내가 이스라엘에게 마음이 좋지 않았지만 저런 식으로 망하는 거 보니까 안됐네. 어디 도망치는 사람 없나? 우리 집에라도 피해 오지' 하는 마음만 가졌어도 에돔은 망하지 않았어요. 그런데 막 손뼉을 치고 입을 벌려서 하하 웃으면서 그 재물에 손을 대고 도망치는 사람까지 잡아다가 노예로 팔 때, 하나님께서는 이렇게까지 지나치게 그들을 괴롭힐 이유가 어디 있느냐고 물으셨습니다.

이것은 비단 에돔 사람들뿐 아니라 우리 믿는 사람들에게도 적용되는 것입니다. 하나님께서 우리에게 원수까지 사랑하라고 하셨지만, 그래도 도저히 사랑할 수 없는 사람들이 있습니다. 아직 감정이 정리되지 않아서 도저히 사랑할 수 없는 사람이 있고 사랑할 수 없는 때가 있어요. 그럴 때는 미워하거나 저주하지만 않아도 일단은 고비를 넘기는 것입니다. 그런데 관계를 풀어야겠다고 생각해서 굳이 그 사람을 찾아가 할 소리 못할 소리 다 해버리는 것은 죄짓는 것입니다.

우리 마음속의 분노는 마치 휘발유 같아서 잘못 건드리면 수습할 수 없이 번져 나갑니다. 휘발유에 한번 불이 붙으면 끌 수 없는 것처럼 분노도 끌 수가 없습니다. 그래서 사랑할 자신이 없을 때는 그 분노의 감정을 폭발시키지만 않아도 굉장히 잘 하는 겁니다. 성경 말씀대로 사랑한다고 굳이 찾아가서 이 이야기 저 이야기하다가 옛날 이야기까지 다 나오면서 서로 감정이 격해지고, 나중에는 "어디 그러고서도 잘되나 보자!" 해가면서 서로 저주의 말을 하는 것은 어리석은 짓입니다. 그렇게 하면 안 돼요. 그냥 미워하지만 않아도 잘 하는 겁니다. 우리는 천사가 아닙니다.

그러므로 사랑할 자신이 없으면 욕도 하지 말고 칭찬도 하지 말고 조용히 때를 기다리십시오. 그것도 굉장한 지혜입니다. 그러면 감정이 좀 정리되고 사랑할 마음이 생길 때가 옵니다. 그때 사랑해도 늦지 않습니다. 그때까지 기다렸다고 해서 하나님이 "야, 내가 원수를 사랑하라고 했는데 왜 뜸들이다가 이제야 사랑하냐?"고 야단치지 않으십니다. 오히려 "네가 참 슬기롭구나" 하고 칭찬하실 거예요.

사람의 마음은 너무나 간악해서 자기가 싫어하는 사람이 잘못되었다는 소식을 들으면 기뻐하게 되어 있습니다. 내 원수가 망해야 내 정당성이 입증되는 것처럼 생각하거든요. 그러나 이웃이 망하는 것과 우리의 옳고 그름을 연결시키면 안 됩니다. 그렇게 한다면 이웃이 다 망해야 우리가 다 옳은 것이 됩니다. 이것이 얼마나 무서운 일입니까?

나와 관계가 좋지 않은 사람이 안되는 것을 볼 때 절대로 좋아하지 마십시오. 하나님의 백성이 그 원수들이 망하는 것을 보면서 "그것 봐라" 하면서 좋아하는 것보다 더 하나님이 꼴

보기 싫어하시는 것이 없습니다. 그렇게 하는 사람은 그 화살이 자기에게 다시 돌아오는 것을 보게 될 것입니다.

에돔 사람들은 열등감과 분노의 감정을 잘 다스리지 못했습니다. 부부관계나 친구관계를 살펴보십시오. 열등감이 있으면 상대방이 당황할 만큼 별것 아닌 말 한마디에도 분노를 확 터뜨려 버립니다. 이렇게 지나치게 화를 내는 것은 그의 마음속에 이전의 감정이 남아 있기 때문입니다. 지금 들은 말은 별것이 아니라도 처리되지 않은 이전의 감정이 그 위에 덧씌워지기 때문에 화가 나는 것입니다.

이것은 굉장히 위험한 일입니다. 만약 이전 것이 해결이 안 된 상태에서 이번에 또 화가 나는 일이 생기면 얼른 집에 가 버리는 것이 나아요. 만약 부부라서 따로 집에 갈 수 없으면 그냥 자버리는 것이 좋습니다. 자는 것으로도 안 되면 나가서 동네라도 한바퀴 돌고 오세요. 이전 감정까지 덧씌워 가지고 화를 내면서 다다다 쏟아내는 말들을 하나님은 다 들으시고 녹음해 두십니다. 나중에 그 말들을 다 틀어 주시면 부끄러워서 어떻게 하려고 그럽니까?

이처럼 사람은 콤플렉스가 있을 때 항상 과격해지고 별것 아닌 것에 지나친 반응을 보이게 됩니다. 그때 하나님은 반드시 물으십니다.

"그렇게까지 할 필요가 있느냐? 상대방이 한 말이 그 정도로 화낼 만한 것이었느냐?"

"그 정도는 아니었지만, 지난 번에도 저한테 이러저러하게 말했다구요."

"그건 그거고 이건 이거지."

에돔 사람들이 잘못한 것이 이것입니다. 이스라엘 백성들이 망하는 것을 보고 기뻐하지만 않았더라면, 도망치는 사람에게 떡을 주지는 못해도 그냥 도망가게 내버려만 두었더라면 에돔은 망하지 않았을 것입니다. 그러나 도망가는 사람을 끝까지 쫓아가서 숨은 사람들까지 다 찾아내 노예로 팔아 먹었을 때, 하나님은 그들에게 전혀 긍휼을 베풀지 않기로 결정을 내리셨습니다.

## 에돔의 미움에서 배워야 할 것

하나님은 왜 이렇게도 가시 같고 힘든 에돔 사람들을 이스라엘 가까이 두셨습니까? 하나님은 이스라엘 백성들이 겸손하기 원하셨습니다. 하나님의 백성들이 가장 오해하기 쉬운 것은 어떤 것을 아는 것 자체를 신앙으로 착각하는 것입니다. 즉 어떤 이야기를 듣거나 설교를 듣거나 책을 읽었을 때, 마치 그것이 정말 자기의 신앙이 된 것처럼 스스로 교만하게 생각하는 것입니다. 하나님은 에돔 사람들을 통하여 이스라엘 백성들에게 현실을 깨우쳐 주셨습니다. 그들이 아는 것이 아직 그들 자신의 것으로 소화되지 않았다는 것을 알려 주신 것입니다.

에돔 사람들은 아주 실제적인 사람들입니다. 그래서 "네가 한 게 뭐가 있냐? 실제로 네가 잘난 게 뭐가 있어?" 하면서 마구 쏘셔댑니다. 그 말을 듣고 자신의 모습을 보면 진짜 잘난 것이 없다는 것을 알게 됩니다. 이렇게 에돔 사람들이 옆에서 쏘셔대야 설교를 듣는 것과 실제 자신의 모습이 크게 다르다는 것을 깨달을 수 있어요.

내가 엄청난 강해설교를 듣고 스스로 굉장한 경지에 이른 것처럼 생각할 때, 상사가 "네가 하는 행동은 아주 개차반이야. 넌 아주 형편없는 인간이라구. 넌 우리 회사에 아무 쓸모가 없어" 합니다. 그러면 억지로라도 겸손해지지 않을 수 없지요.

교회에서는 나를 막 칭찬해 줍니다. 그래서 내가 굉장한 신앙을 가진 줄 알았어요. 그런데 동서가 딱 보더니 "네가 우리 집에 시집와서 한 게 뭐가 있어? 이렇다 하게 돈이라도 한 번 내놓아 봤어?" 턱짓을 해가면서 이러는 겁니다. 생각해 보니까 내놓은 돈이 얼마 없어요. 그러니까 할 수 없이 억지로 겸손해지는 것이지요.

여러분, 설교를 듣는 것과 실제 내 신앙 사이에는 엄청난 차이가 있습니다. 에돔 사람들이 밝혀 주는 것이 바로 이것입니다. 그래서 에돔 사람이 꼭 내 옆에 있어야 해요. 믿는 사람들끼리 모여서 착각과 환상 가운데서 신앙생활을 하면 현실을 모르기가 쉽습니다. "로마서가 어떻고 에스겔서가 어떻고……" 하면서 이야기하다 보면 마치 내가 굉장한 신앙을 가진 사람 같지요. 그럴 때 동서가 턱을 탁 치켜올리면서 "네가 시집와서 한 게 뭐가 있어?" 하면 그때부터 현실이 보이기 시작합니다.

신앙이 좋다는 사람들의 특징은 세상을 너무나도 우습게 안다는 것입니다. 참 문제입니다. 세상은 조금도 우습지 않습니다. 그런데 우리는 하나님의 은혜에 쉽게 젖어들어서 현실을 아주 우습게 알고, 직장에서 한푼 두푼 버는 것을 아주 우습게 압니다. 그래서 사장이 좀 마음에 안 들면 '불신자 주제에' 하면서 사표 던지고 나오는 거예요. 그러면 누가 밥 먹여 줍니까? 그렇게 뛰쳐나온 다음에 할 일이 없어서 굶을 때에야 우리는 비로소 '그래도 그 사장이 다른 사람보다 한푼이라도 더 주려고 했고 지각했을 때도 봐줬구나' 하면서 그 은혜를 고맙게 생각하게 되는 것입니다.

오늘날 많은 그리스도인들의 잘못은 내가 마땅히 해야 할 것은 생각하지 않고 남이 나에게 안 해준 것만 생각하는 것입니다. 친척관계를 보십시오. 내가 해주어야 할 것은 생각하지 않고 남이 나한테 안 해준 것만 몇십 년이 지나도록 기억합니다. 결혼할 때 혼수 안 해준 것은 무덤에 갈 때까지 따지고 들어요. 그러니까 친척들이 만나기만 하면 싸우는 것입니다.

제가 부인들 성경공부할 때 아이들한테 "엄마가 너희를 위해서 무엇을 해줄까 생각하지 말고 너희가 엄마를 위해서 무엇을 할까를 생각하라"고 말하라고 했습니다. 왜냐하면 엄마는 늘 주게 되어 있거든요. 그런데 애들이 그것을 당연하게 생각합니다. 엄마가 아파서 누워 있으면 자기가 도시락 싸가면 되잖아요? 그런데 도시락 안 싸줬다고 아픈 엄마한테 막 화를 냅니다. 아주 죽을 때까지 부려먹으려고 들어요.

교인들도 마찬가지입니다. 죽을 때까지 목사한테 요구만 하는 사람들이 많아요. 그것은 잘못된 것입니다. 어릴 때부터 내가 남을 위해서 무엇을 할 것인지 생각하도록, 그리고 남이 나에게 해준 것을 소중하게 여기고 감사하도록 가르쳐야 합니다.

에돔 사람들이 기억해야 할 것이 있습니다. 그것은 이스라엘 백성들이 자기들보다 못나 보이는 것은 정말 못나서 그렇다기보다는 하나님께서 에돔의 겸손을 시험해 보시는 것이라는 사실입니다. 하나님은 어떤 사람들을 구원하십니까? 겸손한 사람입니다. 하나님은 형편없는 노예였던 이스라엘 백성들을 제사장으로 삼으시고, 이 노예 제사장을 통해 하나님께 나오게 하심으로써 에돔의 겸손을 시험해 보셨습니다. 하나님은 은혜를 주시기 전에 항상 그의 겸손을 달아 보십니다.

오늘날 교육 수준이 높은 사람들의 불평이 무엇입니까? 기독교의 진리는 좋은데 교회의 수준이 너무 낮다는 것입니다. 목사의 학벌이나 장로들의 수준이나 다른 모든 것들이 너무

유치하다는 거예요. 저 사람은 장사하다가 장로가 되었고, 저 사람은 목수하다가 장로가 되었고, 저 사람은 야채 팔다가 장로가 되었으니 수준이 너무 낮지 않느냐는 것입니다. 그래서 기독교 서적을 읽거나 설교 테이프를 듣거나 세미나에 참석하는 것은 좋아하는데 특정 교회에 소속하려고는 하지 않습니다.

저는 우리나라에 고학력자들이 열등감 없이 다닐 수 있는 교회들이 있다는 사실을 아주 다행스럽게 생각합니다. 그러나 그런 교회들이 생긴 지가 얼마 안 돼요. 그 전에는 교인들이 참 무식했습니다. 그러니까 고학력자는 파이프 담배 피우면서 칼 바르트의 책을 읽지 교회에 오지 않습니다.

교회에 들어오려면 자기 학식에 대한 교만을 버려야 하고 같이 무식해져야 합니다. 야채장수 수준에서 같이 놀아야 하는 것입니다. 그게 안 되면 절대로 천국에 못 들어갑니다. 천국에도 베드로 같은 어부가 많이 있는데 향수 냄새 나는 고상한 사람이 그 비린내 나는 곳에 어떻게 있을 수 있겠습니까?

일본은 부흥하기 힘듭니다. 기본적인 생각이 잘못 되었기 때문입니다. 그들은 교회에 속해서 함께 어울린다는 것을 모릅니다. 그냥 책 읽는 것만 좋아하지요. 그래서 기독교 서적은 많이 팔려도 부흥은 안 됩니다. 교회에 대한 꿈이 없어요. 교회를 통해서 구원이 이루어진다는 생각이 없습니다. 저는 대학생 선교단체에 갈 때마다 이런 위험에 빠지지 않도록 교회와 관계가 좋아져야 하며, 하나님은 반드시 교회를 통해서 부흥시키신다는 것을 이야기합니다.

교만한 사람들은 수준이 낮다고 업신여기는 바로 그 교회를 그리스도께서 부끄러워하지 않으신다는 것을 알아야 합니다. 교회에 들어오려면 세상적인 모든 자랑을 버려야 합니다. 그리고 교회 안에 있는 보잘것없는 사람들을 진심으로 사랑해야 합니다. 그들을 존경하고 그들에게 기꺼이 배우고자 해야 합니다. 그렇지 않으면 절대로 그리스도께 나아갈 수가 없습니다.

고학력자들이 갈 수 있는 교회가 있다는 것은 한편으로 다행스러운 일입니다. 그러나 다른 한편으로는 그것 자체가 굉장한 시험이 될 수 있다는 것을 알아야 합니다. 그런 교회에서는 아무 것도 버리지 않고서도 얼마든지 교회생활을 잘 할 수 있기 때문입니다.

세 번째로 우리가 살펴보아야 할 것은 이스라엘 백성들이 이토록 어려움을 겪는다고 해서 하나님이 이들을 완전히 버리지는 않으신다는 사실입니다. 하나님께서는 이들을 징계하심으로 깨끗케 하십니다. 그러나 징계의 도구로 사용된 에돔 사람들은 어떻게 됩니까? 그들은 이스라엘이 망할 때 나타낸 적대감 때문에 멸망할 수밖에 없습니다. 이스라엘은 고통을 받음으로써 구원을 받지만 그 고통을 준 장본인들에게는 소망이 없습니다. 맞은 사람에게는 소망이 있지만 때린 사람에게는 소망이 없어요. 때린 것에 대한 처벌만 기다려야 합니다.

이스라엘이 고난을 받는 것은 에돔이 옳기 때문이 아니었습니다. 하나님이 자기 백성을 징계하시고 바로잡는 것은 에돔과는 아무 상관이 없는 일이었어요. 만약 이스라엘 백성들이 이렇게 고통을 당하고 도망칠 때 한 명이라도 집에 데려다가 냉수라도 주었더라면 그들이 베푼 은혜를 하나님은 결코 잊지 않으셨을 것입니다.

하나님의 축복을 받는 비결이 무엇입니까? 고난받는 성도들을 도와주는 것입니다. 물론 고난받는 당사자에게는 고난받아 마땅한 이유가 있을 수도 있고, 어떻게 보면 얄미운 부분도 있을 수 있습니다. 그러나 설사 그렇다고 하더라도 그들을 데려다가 냉수 한 그릇이라도 먹이고 말이라도 좋게 해주며 조금이라도 잘 대해 주었다면 하나님은 절대로 그것을 잊지 않으셨을 것입니다. 정말 그 징계를 받아 마땅한 사람이라도 그를 선대할 때 하나님은 그것을 잊지 않고 가슴에 품으십니다.

자기 백성을 징계하시는 것은 하나님이 기뻐하시는 뜻이 아닙니다. 하나님은 너무나 가슴아파하시면서 그들을 때리시는 것입니다. 마치 압살롬과 싸웠던 다윗처럼 말입니다. 하나님 자신은 자기 백성을 때리시면서도 혹시라도 누가 찬 물 한 그릇이라도 주고 벗은 몸을 가릴 옷 한 벌이라도 주기를 바라십니다. 아무리 아들이 못된 짓을 했어도 '차라리 네가 살고 내가 죽었으면 좋겠다' 하는 것이 바로 아버지의 심정입니다. 하나님의 심정이 바로 그러했습니다.

그런데 에돔은 하나님이 이스라엘을 때리시니까 너무나 좋아하면서 자기까지 덩달아 더 때리고 짓밟고 도망치는 사람까지 잡아서 노예로 내다 팔았습니다. 하나님은 그 백성의 눈에서 피눈물이 흐르게 한 이 자들을 절대로 잊지 않겠다고 말씀하십니다.

여러분, 하나님은 감정이 굉장히 풍부한 분이십니다. 하나님은 자기 백성이 어려울 때 도와주는 것을 너무나 기뻐하시며, 반대로 자기 백성이 힘들어할 때 그 위에 올라타서 더 힘들게 하고 더 강퍅한 말로 상처 주는 자를 절대로 잊지 않으십니다.

에돔 사람들이 오해한 것이 무엇입니까? 하나님은 이스라엘만 사랑하고 자기들은 미워한다고 생각한 것입니다. 그렇지 않습니다. 하나님은 에돔을 사랑하셨고, 나중에 그들 중에서 신앙으로 돌아올 사람이 있을 것이라고 말씀하셨습니다. 단지 하나님의 거룩하심 때문에 아무나 함부로 하나님께 나오지 못하게 하시고, 오직 이스라엘을 통해서만 나오게 하셨을 뿐입니다. 만약 에돔이 경쟁심을 버리고 이스라엘 백성을 인정했다면 구원받지 못할 이유가 없습니다. 그들은 이스라엘이 잘했든 못했든 그들을 사랑해야 했습니다. 이스라엘은 절대로 없어지면 안 됩니다. 이스라엘이 없어지면 어떻게 하나님께 나아가겠습니까?

어떤 사람이 대학원에서 박사과정을 밟고 있습니다. 그 박사논문이 통과되려면 그 전공 영역에서 논문을 심사할 수 있는 박사가 있어야 합니다. 그런데 그 박사가 굉장히 실력 없는 사람이었어요. 그러나 아무리 실력이 없어도 그 박사가 있어야만 합니다. 왜냐하면 진짜 실력이 있고 없고는 둘째 문제이고 교육부에서는 무조건 박사 학위를 가진 사람이 논문을 심사해야 한다고 정해 놓았기 때문입니다. 그런데 그 박사가 실력이 없다고 해서 '에이, 저런 사람은 차라리 없는 게 낫다'고 했는데, 진짜로 죽어서 없어져 버렸다고 합시다. 당장은 박수 치면서 좋아할 수 있지요. 하지만 그 사람은 더 이상 거기에서 공부할 수 없습니다.

그와 마찬가지로 에돔이 살려면 이스라엘이 살아야 합니다. 이스라엘이 없는데 어떻게 에돔이 살 수 있습니까? 그런데 에돔은 이스라엘이 망하는 것이 제 무덤을 파는 일인지 몰랐어요.

진짜 뭘 모르는 사람들이 누구냐 하면 어머니를 애먹이는 사람들입니다. 어머니가 쓰러지면 그 집이 쓰러지는 거예요. 그래서 어머니는 쓰러지면 안 됩니다. 그처럼 에돔이 살려면 이스라엘이 살아야 해요. 이스라엘이 하나님 앞에 옳으냐 그르냐는 그들 자신의 문제이고, 에돔이 살려면 아무리 엉터리라고 해도 일단은 이스라엘이 살아야 합니다. 에돔은 이것을 몰랐습니다.

여러분, 이처럼 내 신앙이 살려면 교회가 살아야 합니다. 잘 났든 못났든 교회가 일단 살아야 합니다. 교회를 부수어 버리면 하나님께 갈 길이 없습니다.

오늘 본문이 우리들에게 주시는 교훈이 무엇입니까? 하나님의 백성들은 그 주위에 있는 사람들에게 자기가 원하든 원하지 않든 영향을 주고받게 되어 있다는 사실입니다. 우선 하나님의 백성들에게는 놀라운 특권이 있습니다. 그들은 하나님 외에는 어느 누구도 두려워하지 않으며 어느 누구에게도 머리 숙이지 않아도 되는 특권이 있습니다.

그러나 본의 아니게 이런 특권이 다른 사람들에게 교만하게 보일 수 있습니다. 그래서 우리는 하나님 앞에서는 다른 사람들에게 머리를 숙여야 할 필요가 없지만, 다른 사람들 앞에서는 깊이 머리숙일 필요가 있습니다. 즉 하나님 앞에서는 자신을 참으로 존귀한 사람으로 인정해야 하지만, 다른 사람과의 관계에서는 내가 존귀한 만큼 더 머리를 숙여야 하는 것입니다. 사장님에게 겸손하게 행동하며, 다른 사람과의 관계에서 겸손하게 행동하면 할수록 그 사람에게서 더 빛이 나게 되어 있습니다. 그렇지 않으면 진짜 교만한 사람이 되어서 눈 뜨고 볼 수 없을 정도로 못된 인간이 됩니다.

천하의 못된 인간이 누구입니까? 하나님 앞에서 내가 존귀하다고 해서 아무도 인정하지 않고 제멋대로 하는 사람입니다. 하나님 앞에서 참으로 존귀한 사람이라면 사람 앞에서는 얼마든지 낮아져도 괜찮습니다. 그 사람은 아무리 바닥을 기어다녀도 낮아질 수가 없어요. 하나님께서 이미 그를 존귀한 사람으로 인정하셨기 때문입니다.

그러므로 우리는 하나님을 모르는 사람들에게 겸손과 아량을 보일 필요가 있습니다. 여러분, 승리자에게는 승리자의 아량이 있어야 합니다. 승리자가 패배자를 일으켜 주고 그 등에 묻은 흙을 털어줄 때 그 승리가 더 돋보이는 것입니다. 넘어진 사람을 한 번 더 밟고 그 위에 올라타서 발로 구르는 사람에게는 승리의 월계관이 아까워집니다.

하나님의 사랑을 받고 있습니까? 그만큼 더 주위 사람들에게 겸손과 아량을 보이십시오. 남이 한 마디 할 때 나도 똑같이 한 마디 하고, 남이 두 마디 할 때 나는 세 마디 하면 승리가 아까워집니다. 사랑할 자신이 없으면 입이라도 다물고 있어야 합니다.

우리는 우리 가까이 있는 원수들을 보면서 '나는 참 보잘것없는 사람이구나' 하는 것을 깨달아야 하며, 내 힘으로 변화시킬 수 없는 이 에돔 사람들을 보면서 '이 사람이 변화되는 것은 오직 성령님만 하실 수 있는 일이구나. 그래서 내 속에 성령의 역사들이 계속 나타나며 내가 성령의 은혜로 그들을 대할 수 있도록 마음문이 닫히지 않게 주의해야겠구나' 하고 생각해야 합니다.

여러분, 우리는 거룩한 사람들이지만, 동시에 죄인이기도 합니다. 우리 속에는 꾕장히 야비한 생각들이 많이 있고, 믿는 대로 실천하지 못하는 위선적인 것들이 많이 있습니다. 그러한 내 모습을 날마다 보면서 하나님 앞에서 나를 낮출 때 우리는 에돔과 친구가 될 것이며, 에돔의 남은 자들이 하나님의 성전으로 돌아오는 축복을 맛보게 될 것입니다.

## 우리의 기도

하나님 아버지,
언제나 주를 믿는다고 하면서도 우리의 마음속
깊은 곳에는 언제나 무서운 교만이 도사리고 있습니다.
주께서 우리 안에 있는 교만과 위선을 들추어 내시려고
가까운 친척이나 친구를 사용하셨을 때,
우리는 말할 수 없는 분노와 좌절감을 경험하며
그들에게 복수하려고 한 적이 많았습니다.
오늘 이 시간 우리 안에 있는 교만을 치료하여 주옵소서.
그래서 평소에 나를 괴롭히고 힘들게 하던 가까운
사람들을 새로운 눈으로 볼 수 있도록 도와 주옵소서.
그리고 이제는 더 이상 내 자존심의 한계에
머물러 있지 말고 이 한계를 뛰어 넘어
훨훨 날아가는 믿음이 되게 해주옵소서.
예수님의 이름으로 기도하옵나이다. 아멘.

# 에돔의 멸망과
# 이스라엘의 회복

여호와의 만국을 벌할 날이 가까왔나니
너의 행한 대로 너도 받을 것인즉
너의 행한 것이 네 머리로 돌아갈 것이라.
너희가 내 성산에서 마신 것같이
만국인이 항상 마시리니
곧 마시고 삼켜서 본래 없던 것같이 되리라.
오직 시온 산에서 피할 자가 있으리니
그 산이 거룩할 것이요
야곱 족속은 자기 기업을 누릴 것이며
야곱 족속은 불이 될 것이요
요셉 족속은 불꽃이 될 것이며
에서 족속은 초개가 될 것이라.
그들이 그의 위에 붙어서 그를 사를 것인즉
에서 족속에 남은 자가 없으리니
이는 여호와께서 말씀하셨음이니라.
남방 사람은 에서의 산을 얻을 것이며,
평지 사람은 블레셋을 얻을 것이요,
또 그들이 에브라임의 들과
사마리아의 들을 얻을 것이며,
베냐민은 길르앗을 얻을 것이며,
사로잡혔던 이스라엘의 뭇 자손은
가나안 사람에게 속한 땅을 사르밧까지 얻을 것이며,
예루살렘의 사로잡혔던 자, 곧 스바랏에 있는 자는
남방의 성읍들을 얻을 것이니라.
구원자들이 시온 산에 올라와서 에서의 산을
심판하리니 나라가 여호와께 속하리라."

옵 1:15-21

이스라엘 백성들에게 에돔은 가장 가까우면서도 힘든 원수였습니다. 에돔은 마치 옆구리에 박힌 가시 같았습니다. 에돔 사람들은 이스라엘 백성들이 어려울 때 도와주어야 할 위치에 있는 사람들이었는데도 도와주기는커녕 더 가슴아프게 대했습니다. 모르는 사람이 주는 상처는 참을 수 있습니다. 그러나 가장 가까운 사람이 주는 상처는 잘 잊혀지지 않습니다. 오바댜 선지자는 이스라엘 백성들에게 이렇게 많은 고통을 안겨다 준 에돔은 그 교만 때문에 망할 것이라고 말씀하고 있습니다.

　　그러나 우리가 기억해야 할 것은 오바댜가 이 말을 하고 나서 에돔이 금방 망하지 않았다는 사실입니다. 에돔이 망한 것은 오바댜가 이 말을 하고 나서도 한참 후의 일이었습니다. 나중에 나바르 왕국이라는 나라가 세워지면서 에돔은 세일 땅에서 쫓겨납니다. 그들은 잠시 남방의 네게브 지역을 차지합니다. 그때 에돔 사람들은 이두매 사람이라고 불렸습니다. 그러다가 유다 마카비 왕조가 들어섰을 때 강제로 할례를 받고 유다에 편입됨으로써 에돔은 영원히 없어져 버렸습니다. 헤롯왕은 바로 그렇게 해서 유다에 편입된 이두매 사람이었습니다. 그래서 그는 항상 심한 열등감을 가지고 있었습니다.

이처럼 실제로 에돔은 그렇게 빨리 망하지 않았습니다. 그렇다면 왜 오바댜는 빨리 망하지도 않는 에돔의 멸망을 예언했을까요? 얼핏 생각하기에는 이스라엘 백성들이 에돔 사람들에게 너무 상처를 심하게 받으니까 그들을 잠시라도 위로하기 위하여 "에돔은 곧 망할 거야. 그러니까 신경쓰지 마"하고 말씀하는 것처럼 들릴 수 있습니다. 우리 집 아이가 다른 집 아이에게 맞고 와서 울면 엄마가 그 때린 아이를 당장 찾아서 때려줄 수 없으니까 그 집을 향해 때리는 흉내를 내면서 아이를 달래는 것처럼 말입니다. 그러나 오바댜 선지자의 예언은 그렇게 단순한 위로가 아닙니다. 에돔을 향해 눈을 흘기면서 "에돔, 때찌! 에돔, 나쁜 놈! 얘들아, 걱정하지 마. 에돔은 망하고 이스라엘은 회복될 거야" 하는 게 아니에요.

오바댜서는 짧지만 굉장히 심오한 내용을 담고 있습니다. 선지자가 이스라엘이 아닌 다른 나라의 멸망에 대하여 예언할 때 우리는 다음과 같은 세 가지 사실을 생각해볼 수 있습니다. 첫째는 그들을 괴롭히고 있는 나라에 대해 하나님이 이미 작정하신 것이 있다는 것입니다. 즉 '너희를 괴롭히고 업신여기는 그 나라가 지금은 이 세상에서 득세하는 것 같지만, 하나님이 그들에 대해서 작정하신 것이 있으니 너희는 그들을 신경 쓰지 말고 너희 자신의 자세에 더 주의하라'는 이야기가 담겨 있는 것입니다.

하나님의 백성들에게 가까운 원수가 있는 것은 나를 낮추기 위한 것이지 그 사람에게 복수하게 하기 위해서가 아닙니다. 그러나 우리는 나를 힘들게 하는 사람들이 있을 때 하나님이 나를 겸손하게 만들기 위해서 이 모든 일을 허락하셨다고 생각하기보다는 '어떻게 하면 저 사람에게 복수함으로써 내가 받은 상처를 좀 보상받을 수 있을까' 하는 생각을 할 때가 많습니다. 그러나 오바댜는 '에돔의 멸망은 이미 기정 사실화 되어 있으니 언제 망하든 망할 것이다. 그러니 그들에게 복수하려고 정력을 낭비하지 말고 너희 자신이나 정신을 차리라'는 뜻에서 에돔의 멸망을 예언하고 있는 것입니다.

둘째로 이스라엘의 회복에 대한 말씀은 신약 교회를 두고 하시는 말씀입니다. 회복되는 이스라엘은 문자적인 이스라엘이 아니라 신약 교회입니다. 그래서 교회는 이 말씀을 들을 때 '아직 성취되지 못한 예언이 있으니 가만히 주저앉아 있지 말고 나가서 그 예언을 적극적으로 성취하라'는 명령의 의미가 들어 있다는 것을 알아야 합니다.

그뿐만 아니라 이 예언은 종말에 성취되어야 할 말씀이기도

합니다. 왜냐하면 하나님께서는 에돔의 멸망을 이 세상 전체의 멸망과 연결해서 말씀하고 계시기 때문입니다. 오늘 이 말씀은 세상의 모든 역사가 끝난 후에 하나님을 찬송하기 위해서 준비되어 있는 말씀입니다.

이처럼 오바댜의 예언은 단순히 에돔에게 상처받은 이스라엘 백성들을 위로하려는 소극적인 의미로만 하시는 말씀이 아니라, 오늘날 신약 교회가 자신의 모습을 돌아보며 하나님의 말씀을 성취하기 위해서 어떻게 해야 하는지 생각하고, 이 모든 하나님의 예언을 성취시키는 하나님의 신실하심을 찬양하게 하기 위해서 준비된 것입니다.

## 택한 백성의 심판과 세상의 심판

15절을 보십시오.

여호와의 만국을 벌할 날이 가까웠나니
너의 행한 대로 너도 받을 것인즉
너의 행한 것이 네 머리로 돌아갈 것이라.

우리 번역은 약간 의역된 것입니다. 원문에는 '모든 나라에 대한 여호와의 날이 가깝다'고 되어 있습니다. 즉 '여호와의 날'이라는 말이 분명히 나와 있는 것입니다. 에돔의 멸망은 단순히 이스라엘 백성들을 괴롭힌 원수에게 하나님이 복수하신 것이 아닙니다. 이것은 온 세상에 대한 하나님의 심판의 한 부분입니다.

아모스가 말하는 것이 무엇입니까? 여호와의 날입니다. 요엘이 이야기하는 것이 무엇입니까? 여호와의 날입니다. 그런데 이 선지자들은 이스라엘 백성들에 대한 심판의 날을 이야기하는 반면, 오바댜는 모든 나라에 대한 심판의 날을 이야기하고 있습니다. 이스라엘에 대한 여호와의 날은 무엇이고 만국에 대한 여호와의 날은 무엇입니까?

여기에는 중요한 차이가 있습니다. 이스라엘에 대한 심판은 하나님의 공의를 선포하는 것입니다. 이것은 종말이 아니고 종말의 시작입니다. 하나님은 의로운 분이시기 때문에 이스라엘 백성이라고 해서 예외로 봐주지 않으십니다. 그래서 이스라엘의 심판은 하나님의 공의로우심에 대한 선포인 동시에, 온 땅에 대한 심판의 시작인 것입니다. 하나님의 심판은 이 이스라엘에 대한 심판에서 시작하여 모든 나라의 심판으로 끝나게 되어 있습니다. 예수님께서도 예루살렘의 멸망을 온 땅에 대한 심판의 예고로 말씀하셨습니다.

베드로 사도는 이렇게 말씀하고 있습니다.

하나님의 집에서 심판을 시작할 때가 되었나니
만일 우리에게 먼저 하면 하나님의 복음을

순종치 아니하는 자들의 그 마지막이 어떠하며,
또 의인이 겨우 구원을 얻으면 경건치 아니한 자와
죄인이 어디 서리요?(벧전 4:17, 18)

하나님의 심판이 어디에서 시작합니까? 성전에서 시작합니다. 우리가 생각하기에 의인이 거의 다 된 것 같은 사람들이 있습니다. 완전히 성자가 된 것은 아니지만 95퍼센트 정도는 성자가 된 것 같아요. 그러나 하나님은 그 사람을 그냥 내버려두지 않으시고, 주야로 어려움을 겪게 하십니다. 왜 그렇습니까? 우리 같은 죄인들의 눈에는 그 사람이 다 된 것처럼 보일지 몰라도 하나님이 보시기에는 아직도 멀었기 때문입니다.

하나님은 사람을 공짜로 천국에 데려가지 않으십니다. 이세상에서 의인을 만들어서 데려가십니다. 어느 정도나 의인으로 만들어서 데려가시는지는 모르겠어요. 그러나 하나님은 기질이 변하지 않고 악한 성품을 그대로 가지고 있는 상태로는 절대로 데려가지 않으십니다. 여기에서 계속 주물러서 거의 완제품에 가까울 정도로 다듬어서 데려가시지요.

독을 만들 때 흙덩어리가 독 모양으로 만들어지기만 해도 우리 생각에는 거의 다 된 것 같지요. 그러나 독 짓는 사람은 유약을 칠하고 초벌구이, 재벌구이까지 합니다. 하나님은 우리를 진흙 덩어리 상태로 천국에 데려가지 않으십니다. 너무 덜 만들어진 상태로 천국에 데려가면 천국을 버려 놓습니다.

여기에서 완제품을 만들 수는 없어도 거의 완제품에 가깝게 만들어서 데리고 가야지요.

에돔 사람들과 비교해 보면 유대인들이 백 배, 천 배 더 낫습니다. 성경이 아무리 유대인의 죄를 많이 지적한다고 해도 에돔 사람들과 비교하면 말할 수 없이 선량한 자들입니다. 그래도 하나님은 이스라엘 백성들을 봐주지 않으십니다. 어떻게 해서든지 하나님이 원하시는 모습을 이 세상에서 만들어 놓으십니다.

오바댜는 유대인들을 향하여 '너희들보다 더 악한 에돔 사람들은 심판받지 않고 너희만 심판받는다고 해서 억울하게 생각하지 말라'고 이야기하고 있습니다. 그 이유가 무엇입니까? 하나님의 백성은 항상 시범케이스이기 때문입니다. 그래서 하나님의 백성들에 대한 여호와의 날은 현세적이고, 모든 나라에 대한 여호와의 날은 종말적입니다. 하나님의 백성들은 현세에서 심판을 받습니다.

우리 생각으로는 교회 다니고 예수 믿으면 봐주실 것 같지요? 그러나 봐주지 않으십니다. 오히려 세상보다 먼저 심판하십니다. 하나님은 아주 공정한 분이십니다. 교회 다닌다고 해서 봐주고 교회 안 다닌다고 해서 안 봐주면 공의로운 분이 아니지요.

오늘날 세상 사람들이 오해하고 있는 것이 있습니다. 안 믿는 사람들은 아무리 양심적이고 남을 도와주어도 단지 예수를 믿지 않는다는 이유 하나만으로 지옥에 보내고, 예수 믿는 사람들은 그렇게 못되고 비열하게 굴어도 단지 예수를 믿는다는 이유 하나만으로 천국에 보낸다는 것입니다. 제가 대학교 때 교회에 다니지 않은 이유가 여기 있었어요. 제 눈에는 하나님이 너무 불의하게 보였습니다. 그래서 이 세상에 착하고 선량한 사람들이 얼마나 많은데 그들은 예수를 믿지 않는다는 것 때문에 전부 지옥에 보내고, 이기적이고 자기밖에 모르는 저 교회 다니는 인간들만 천국에 데려가는 예수는 안 믿겠다고 했습니다. 그런데 나중에 알고 보니 제가 복음을 크게 오해하고 있었습니다.

하나님께서는 "네가 보기에 아닌 사람은 내가 보기에도 아니다"라고 말씀하십니다. 못되고 비열하면서 예수만 믿는 사람은 절대로 천국에 못 들어갑니다. 하나님은 공의로운 분이십니다. 진짜 비열하고 못된 사람을 천국에 데려가고자 하실 때는 그 악한 기질이 완전히 빠질 때까지 여기에서 부수고 주물럭거려서 다시 만드십니다. 여기에서 깨지든지, 천국에 못 가든지 둘 중에 하나예요.

내 기질이 굉장히 나쁩니까? '쉽게 죽기 힘들겠구나' 생각하십시오. 하나님은 어떻게 해서든지 내 기질을 고쳐서 의인으로 만들어 놓으십니다. 누가 봐도 '이 사람은 천국 갈 수 있다'고 할 수 있는 사람으로 만들어 놓으십니다. 다 만들어지기 전에는 죽고 싶어도 못 죽어요.

그렇다고 해서 하나님을 모르는 사람들은 하나님의 백성이 징계당하는 것을 보면서 고소해 하면 절대로 안 됩니다. 그 징계는 시범케이스예요. 아직도 정욕이 좀 남아 있기는 하지만 한평생 예수 믿고 연단받아서 거의 완성된 사람에게 하나님이 최후의 일격을 가해서 또 회개하고 또 무릎 꿇게 만들었다면, 여기에는 '주야로 술만 퍼마시고, 입만 열면 욕하고, 시간만 나면 음란비디오 보는 너희는 아예 지근지근 밟아 버리겠다'는 의미가 들어 있는 것입니다.

형제가 싸우면 엄마가 누구를 때립니까? 큰애를 때립니다. 작은애는 그게 고소해서 계속 엄마한테 이르지요. 그러다가 언젠가 한 번 떡이 되게 맞는 수가 있어요. 엄마가 형을 때리는 데에는 동생한테 조심하라는 뜻이 담겨 있습니다. '네가 아직 어리니까 봐주는 것뿐이야. 너도 조심해!' 하는 뜻이 있는 거예요.

우리 성도들은 자신이 신앙생활을 하는데도 불구하고 남들이 당하지 않는 고통과 어려움을 겪는 것을 이상하게 생각해서는 안 됩니다. 이것은 당연한 것입니다. 우리는 맞고 터져야 합니다. 하나님은 절대로 우리를 그냥 천국에 데려가지 않으십니다. 하나님을 만약 그런 분으로 알고 있었다면 오해하고 있는 것입니다. 하나님은 세상 사람들을 심판하시기 전에 시범케이스로 자기 백성들을 먼저 징계하시고 연단시켜서 하나님이 얼마나 공의로우신지 나타내시며, 믿지 않는 자들이 심판대 앞에 섰을 때 감히 입을 벌리지 못하게 만드십니다.

여러분, 하나님은 굉장히 단순한 분이십니다. 하나님은 교인이라고 해서 봐주시지 않아요. 일단 의인이라고 해놓은 다음에는 실제로 의인을 만들어서 데려가십니다. 의인이 안 되면 천국에 안 데려가세요. 그러므로 두려워해야 합니다. 내 생각에는 어느 정도 되었다 싶은데도 하나님은 아직 멀었다고 하십니다. 하나님은 최고의 그릇을 만들 때까지 그 손길을 중단하지 않으십니다. 하나님은 아무리 털어도 먼지가 나지 않게 만들어서 데려가십니다. 천국행 열차는 결코 공짜가 아니라는 것을 기억하십시오.

## 하나님의 심판 기준

하나님은 온 세상을 어떻게 심판하십니까? 15절을 보십시오.

너의 행한 대로 너도 받을 것인즉
너의 행한 것이 네 머리로 돌아갈 것이라.

하나님께서는 이 세상에서 택한 백성들을 먼저 심판하십니다. 그리고 마지막 때가 되면 온 세상을 심판하실 것입니다. 하나님을 알든지 모르든지 이 세상에 한 번이라도 살았던 사람들은 전부 하나님의 보좌 앞에 세워 놓고 그가 행한 대로 심판하실 것입니다.

사람이 이 세상에서 사는 것은 심판을 전제로 기회를 얻은 것입니다. 그냥 무조건 살면 되는 게 아니에요. 하나님은 내게 주신 기회를 어떻게 사용했는지 물으시며, 내가 한 모든 행동과 말들의 책임을 물으실 것입니다. 하나님의 심판 기준은 '네가 행한 대로 네 머리에 돌린다' 는 것입니다. 자기가 행한 것은 자기가 책임져야지 어느 누구도 대신 책임질 수 없습니다.

우리는 이러한 하나님의 심판 기준에서 몇 가지를 생각해 볼 수 있습니다. 첫째로, 하나님은 사람을 심판하실 때 그의 외적인 조건을 전혀 고려하지 않으신다는 것을 알아야 합니다. 하나님은 높은 사람이라고 해서 더 봐주거나 노예라고 해서 더 가혹하게 대하지 않으십니다. 모든 사람을 똑같은 조건에 놓고 보시며, 모든 것을 공정하게 판정하십니다.

둘째로 하나님은 사람을 심판하실 때 그 행위도 하나하나 보시지만, 특히 그 사람의 삶이 지향하는 목표를 보십니다. 즉 삶의 양이 아니라 질을 보고 평가하시는 것입니다. 그러므로 하나님 앞에 옳다 인정함을 받으려면 하나님의 영광을 구하는 것이 내 삶의 목표가 되어야 합니다. 할 수 있는 한 하나님의 뜻을 이 땅에서 많이 이루어드린 사람은 칭찬과 영광을 받을 것입니다. 자기를 실현하고 자기 속에 있는 모든 잠재능력을 다 발휘하기 위해 사는 것은 죄입니다.

셋째로 생각해야 할 것은 심판의 내용입니다. 우리는 성경에서 이 세상 모든 죄인들에 대한 무서운 진노의 심판에 대하여 많이 듣습니다. 특히 성경은 심판의 고통에 대해 많이 말씀하고 있습니다. 저는 그것이 사실이라고 생각합니다. 하나님의 심판에는 엄청난 육체적인 고통과 정신적인 고민이 동반됩니다. 그러나 이 고통에 너무 많은 관심을 쏟다 보면, 하나님이 인간에게 그런 엄청난 고통을 안겨다 주면서 즐거워하시는 분인 것처럼 잘못 생각하기 쉽습니다. 그러나 성경이 말하는 것은 하나님의 뜻에 불순종할 때 얼마나 무섭고 비참한 상태에 빠지게 되느냐 하는 것이지, 하나님이 얼마나 우리의 고통을 즐기시느냐가 아닙니다.

심판에서 중요한 것은 그런 고통이 아니라 그 사람이 얻을 지위와 신분입니다. 물론 하나님은 구원받은 사람들에게 기쁨과 즐거움을 주십니다. 그러나 그보다 더 중요한 것은 그의 영원한 지위입니다. 사도 바울은 태양의 영광이 있고 달의 영광이 있고 별의 영광이 따로 있는데, 별도 그 영광이 각각 다르다고 말씀했습니다. 이것은 우리의 영원한 상태를 이야기하는 것입니다.

하나님은 우리가 이 세상에서 순종한 것을 보시고 영원한 지위를 결정하십니다. 여기에서 하나님의 뜻대로 열심히 산 사람은 태양 같은 지위와 영광을 얻을 것입니다. 또 어떤 사람은 별 같은 지위를 얻을 것입니다. 이렇게 한 번 지위가 정해지면 다시는 바꿀 수가 없습니다.

멸망도 마찬가지입니다. 어떤 사람이 얼마나 비참하고 추악한 상태에 있게 되느냐가 죽음과 동시에 영원히 결정되어 버립니다. 그는 고통과 고민을 겪을 뿐 아니라 아주 비참한 지위에 떨어질 것이며, 그 상태가 영원히 지속될 것입니다.

이 세상에 사는 동안에는 지위가 여러 번 바뀔 수 있습니다. 낮은 자리에 있다가 높은 자리에 올라갈 수도 있고 가난하게 살다가 부자가 될 수도 있어요. 그러나 한 번 죽고 나면 그 사람의 지위가 영원히 고정되어 버립니다. 하나님이 한 번 태양의 영광으로 축복하신 사람은 영원히 태양의 영광과 주권을 누릴 것입니다. 보일 듯 말 듯한 별의 영광으로 지위를 받은 사람은 영원히 보일 듯 말 듯한 자리에 있을 것입니다. 짐승보다 비참한 상태에 떨어진 사람은 그 사람대로 영원히 그것을 감당해야 합니다. 죽으면 끝장입니다. 한 번 결정되면 바꿀 수가 없어요. 그러므로 살아 있는 동안에 최선을 다해야 합니다.

이 세상에서 오래 살면 얼마나 오래 살겠습니까? 기껏해야 칠십, 팔십인데 이것은 굉장히 짧은 시간입니다. 금방 지나가요. 우리 교회에도 태어난 지 얼마 안 된 것 같은 아이가 벌써 요절 외우고 다녀요. 그 아이가 금방 청년이 되어서 자기들끼리 수련회 장소 정할 때가 옵니다. 그러면서 우리는 늙어가는 것입니다. 제가 젊은 줄 알았는데 오늘 머리 빗으면서 보니까 흰머리가 굉장히 많이 생겼어요. 이렇게 이 세상은 잠깐입니다. 그런데 그 잠깐 동안 주님을 위해 힘쓴 사람은 영원한 영광을 얻을 것입니다.

사도 바울은 정말 현명한 사람입니다. 그는 세상 것을 다 버리고 천국 것을 바라보았어요. 그는 버리면 버릴수록 상이 커진다는 것을 알았습니다. 물론 우리는 이 땅에서 먹고살 것이 있어야 하고 집이 필요합니다. 그러니까 다 버릴 수는 없습니다. 그래도 마음가짐은 다 버린 사람처럼 가져야 합니다.

이 세상의 것들은 천국의 상을 받지 못하게 만드는 걸림돌입니다. 학벌이 얼마나 큰 걸림돌인지 몰라요. 그 학벌 때문에 교만해지고, 그 학벌 때문에 자존심이 생기고, 그 학벌 때문에 누가 한마디 하면 감정이 틀어지고, 무릎 꿇는 것이 힘들어지고, 배에 기름이 끼는 것입니다. 그렇게 하다가 한 번 죽으면 영원히 비참한 자리에 있게 됩니다.

성도는 죽기 전까지 힘써야 합니다. 다른 사람하고 비교할 필요 없어요. 달과 별의 영광이 다르고 별과 별의 영광이 다릅니다. 남과 비교하는 사람은 굉장히 어리석은 사람입니다. 남은 남이고 나는 나입니다. 나는 내가 받을 영광을 향해 달려가야 합니다. 이 땅에서 무엇을 움켜쥐고 있느냐는 중요하지 않습니다. 나를 통해 은혜와 축복이 많이 전달되면 전달될수록 내 상이 커진다는 것이 중요하지요. 이 짧은 세상에서 내 몸을 죄의 수단으로 삼지 않고 어떻게 해서든지 하나님의 영광을 구하고 그를 기쁘시게 할 때, 하나님은 영원한 상급으로 보답해 주십니다.

여기에서 조금 지위가 높고 행복해 보이는 것은 아무 것도 아니에요. 정말 아무 것도 아닙니다. 사람들은 지옥의 고통에만 초점을 맞추기 때문에 '설마 영원히 괴롭히실까? 반성하면 또 회개할 기회를 주시겠지' 합니다. 그러나 다시는 회개할 기회가 없습니다. 고통이 문제가 아닙니다. 지위와 신분이 결정 나 버립니다. 고통받는 노예로 결정되면 영원히 그 고통을 받아야 합니다.

그러므로 지금 우리에게 시간이 주어져 있을 때 그 상을 빼앗아야 합니다. 남들이 '저 사람 완전히 정신나갔다'고 할 정도로 아주 전략적으로 신앙생활을 해야 합니다. 그래서 예수님은 침노하는 자가 천국을 빼앗는다고 말씀하셨습니다. 할 수 있는 한 이 세상에서는 많이 움켜쥐지 않으면서, 어떻게 하면 나를 통해서 은혜와 사랑과 축복이 전달될까를 생각하는 사람은 굉장히 무서운 사람입니다. 그 사람은 정말 뭘 아는 사람이에요.

## 에돔의 오해

에돔 사람들이 잘못 생각한 것이 있었습니다. 그들은 이스라엘 백성들의 멸망이 마치 자기들의 정당성을 입증해 주는 것처럼 생각했던 것입니다. 16절을 보십시오.

너희가 내 성산에서 마신 것같이
만국인이 항상 마시리니
곧 마시고 삼켜서 본래 없던 것같이 하리라.

에돔 사람들은 예루살렘이 무너지고 그 안에 있는 유다 사람들이 포로로 잡혀 가는 것을 보았을 때, 마치 그들이 망하는 것이 하나님을 섬기지 않는 자기들의 정당성을 증명해 주기나 하는 것처럼 기뻐했습니다. "저것 봐. 하나님을 믿는다고 하던 예루살렘 꼴이 저게 뭐야? 그러니까 우리가 예루살렘에 안 가고 예배를 안 드리는 거야. 하기 싫어서 안 한 게 아니라구." 이것이 바로 그들의 오해였습니다. 이스라엘 백성들이 망하는 것과 에돔은 아무 상관이 없습니다.

이 세상 사람들은 은근히 하나님의 백성들이 실패하고 넘어지기를 바라고 있습니다. 왜냐하면 자기들은 그 사람들처럼 살지 못하거든요. 믿는 사람들이 죄를 짓거나 소문이 좋지 않게 나면 박수치고 좋아하고 선물을 교환할 사람들이 수두룩합니다. 그들은 "제발 좀 넘어져라, 제발 좀 망해라, 이것들아!" 하고 기다리고 있습니다. 그러다가 믿는 사람들이 진짜 징계를 받고 일이 뜻대로 안 되면 그것으로 자신을 정당화합니다. "그것 봐, 내가 뭐라고 그랬냐? 하나님의 인도라고 쫓아다니더니 저 당하는 꼴 좀 봐. 봉사한다고 쫓아다니더니 되는 게 있냐구? 내가 벌써 그걸 다 알고 안 믿는 거야. 저것 좀 봐, 저것 좀 봐!" 보긴 뭘 봅니까? 하나님의 백성들이 징계받는 것과 세상 사람들과는 아무 상관이 없습니다.

하나님의 백성들이 이 세상에서 징계받고 넘어지는 것은 하나님이 그들을 연단하시는 것이지, 그들의 신앙 자체가 잘못되었다거나 하나님이 계시지 않는다는 증거가 아닙니다. 그래서 이 오바댜서 같은 예언이 필요한 것입니다. 이런 말씀이 없으면 사람들은 에돔이 옳은 줄 알아요.

이스라엘은 이스라엘이고 에돔은 에돔입니다. 그런데 에돔 사람들은 이스라엘 백성들이 망하는 것을 보고 성산에서 건배를 하고 술을 머리에 부어가면서 퍼마셨습니다. 이스라엘이 망하는 것을 보니 10년 묵은 체증이 확 뚫리는 것 같다고 생각했어요.

그러나 이번에는 온 세상 사람들이 에돔의 멸망을 기뻐하며 세일 산에서 축하의 술을 마실 때가 올 것입니다. 얼마나 기쁘고 좋은지 술을 다 마시고 삼켜서 남는 것이 하나도 없을 때까지 마실 때가 올 거예요. 이것이 무슨 말입니까? 에돔 사람들은 이스라엘 사람들을 그렇게 미워하고 시기했지만, 에돔을 싫어하고 미워하는 사람들은 그보다 더 많다는 것입니다. 그들은 자신들이 다른 사람들에게 얼마나 많은 미움거리가 되고 있는지 모른 채 이스라엘만 문제라고 생각하고 있었습니다.

남의 잘못을 자꾸 생각하는 사람들의 문제가 바로 이것입니다. 자기가 다른 사람에게 얼마나 미움거리가 되고 있는지 몰라요. 며느리를 탓하면서 조금만 잘못해도 마구 야단치는 시어머니는 막상 자기는 동네 아주머니들이 눈만 마주쳐도 닭살이 돋는다고 할 정도로 싫어한다는 것을 까맣게 모릅니다. 이처럼 다른 사람을 비판하는 사람은 자기에게 얼마나 많은 문제가 있는지 모르는 경우가 많습니다.

에돔 사람들은 이스라엘 백성들이 망하는 것을 보고 두려워했어야만 합니다. '그래도 나보다 백 배는 나은 저 사람들이 저렇게 당하는 것을 보니 내가 하나님의 심판대 앞에 가면 완전히 가루가 되겠구나' 하면서 정신을 차렸어야 해요. 그들은 그것을 몰랐기 때문에 화를 자초했습니다.

## 하나님의 구원

하나님께서는 이런 심판 가운데서도 구원받을 자가 있을 것이라고 말씀하십니다. 17절을 보십시오.

오직 시온 산에서 피하는 자가 있으리니
그 산이 거룩할 것이요
야곱의 족속은 자기 기업을 누릴 것이며

하나님의 무서운 심판 가운데서도 이 심판을 피하여 구원받을 자가 있습니다. 그들이 누구입니까? 시온 산에 피하는 자들입니다. 그런데 시온 산에 피하여 구원받을 자가 구체적으로 누구인지 성경은 말하고 있지 않습니다. 히브리어나 헬라어는 동사 안에 주어와 시제가 들어 있기 때문에 주어를 밝히지 않는 경우가 많습니다. 굳이 주어를 밝힐 때는 강조하는 의미가 있는 것입니다. 그런데 이 문장에는 주어가 나와 있지 않기 때문에, 시온 산에 피하는 자가 이방인인지, 에돔 사람인지, 고난 중에 있는 이스라엘 백성인지 분명치가 않습니다.

•이 경우에는 문맥을 살필 수밖에 없는데, 18절을 보면 에돔 사람들이 모두 타서 없어지기 때문에 남은 자가 없으리라는 말씀이 나옵니다. 따라서 시온에 피하는 자를 이스라엘 사람으로 생각하기가 쉽습니다. 그러나 그렇지 않습니다. 이 문장에 주어를 쓰지 않은 것은 오바댜의 굉장한 지혜입니다. 오바댜는 누구든지 시온으로 피하기만 하면 구원을 얻을 수 있다는 의미에서 의도적으로 주어를 생략하고 있는 것입니다.

여기서 말하는 시온은 신약 교회를 의미합니다. 선지자들의 예언을 보면 모두 눈에 보이는 이스라엘의 회복을 말하지 않습니다. 예수님은 새 이스라엘을 세우기 위해 열두 명의 사도를 세우셨는데, 이 사도들은 사도행전에서 선지자들의 예언을 바로 신약 교회에 적용했습니다.

시온은 거룩합니다. 왜냐하면 하나님께서 그리스도의 피로 그들을 구속하셨고, 하나님께서 거룩한 영으로 그들과 함께하시기 때문입니다. 우리가 하나님의 백성이 된 것이 얼마나 엄청난 축복인지 모릅니다. 이 사실이 우리를 기뻐 뛰게 해야 합니다. 내가 시온에 들어와 있고 하나님의 백성으로 인침 받았다는 이 사실로 우리는 만족해야 합니다. 도대체 우리가 어떻게 해서 이 시온 성 안에 들어오게 되었습니까? 이것은 기적입니다.

'야곱 족속이 자기 기업을 누린다'는 것도 단순히 가나안 땅을 다시 찾는다는 의미가 아닙니다. 여러분, 그리스도인들에게는 이 세상에서 누릴 축복과 특권이 있습니다. 그것이 무엇입니까? 성령이 함께하심으로써 얻는 평안과 기쁨입니다. 나의 재산은 다른 사람이 빼앗아갈 수 있습니다. 나의 집은 다른 사람이 빼앗아갈 수 있습니다. 직장에서는 다른 사람이 나를 쫓아낼 수 있습니다. 그러나 내 마음속에 계신 성령님은 아무도 빼앗아갈 수 없습니다. 날마다 내 속에 계시면서 나를 새롭게 하시는 성령의 은혜와 기쁨은 아무도 빼앗아갈 수 없어요. 이것이 바로 나의 기업입니다.

'야곱의 족속은 불이 되고, 요셉의 족속은 불꽃이 된다'는 것은 야곱과 요셉이 하나가 되어 이 세상을 태워 버린다는 의미입니다. 좁은 의미에서 이스라엘 백성들은 유다와 요셉 족속으로 분리되어 서로 하나가 되지 못했습니다. 그리고 넓은 의미에서 인류는 유대인과 이방인, 또는 피부색과 언어별로 나뉘어서 하나가 되지 못했습니다. 그러나 성령이 오시면 온 인류는 하나가 됩니다. 예수님은 모든 사람을 하나 되게 하십니다. 그래서 어떤 사람은 불이 되고 어떤 사람은 불꽃이 되어 이 세상을 불태울 것입니다.

이것은 오늘날 우리 교회를 향해 하시는 말씀입니다. 예수를 '주'로 고백한 사람은 전부 하나입니다. 하나된 우리는 어떤 이는 불꽃을 일으키고 어떤 이는 불이 되어서 이 세상을 불태워야 합니다. 이것은 분노의 불꽃이 아닙니다. 복수의 불꽃이 아닙니다. 이것은 성령의 불꽃이고, 겸손의 불꽃이며, 용서의 불꽃입니다.

하나님의 백성들이 겸손한 마음으로 하나가 되기만 하면 하지 못할 것이 없습니다. '나는 왜 이 세상에서 이도 저도 못 될까'를 불평하기 전에 '내가 정말 겸손한가, 내가 정말 겸손의 영으로 충만한가'를 생각해야 합니다. 아무리 형편이 어려워도 부부가 겸손으로 하나가 될 때 못 할 것이 없습니다. 교회가 아무리 어려워도 그 교인들이 겸손으로 하나가 될 때 어떤 사탄의 역사도 그들을 넘어뜨리지 못합니다.

하나님께서 우리에게 무한히 약속하신 것이 무엇입니까? 그것은 불입니다. 성령의 역사입니다. 우리가 간구하기만 하면 엄청난 성령의 역사가 일어날 수 있습니다. 겸손의 영으로 연합하기만 하면, 서로 마음을 낮추어서 내가 하나님 앞에서 아무 것도 아니라는 것을 인정하고 내가 시온에 들어온 이 큰 복을 하나님께 감사드리기만 하면, 하나님은 성령을 무한히 주겠다고 약속하셨습니다.

오늘날 교회에서 성령의 역사를 몰아내는 것은 바로 교만입니다. 우리는 예수를 믿는다고 하면서도 얼마나 기만적인 자기 도취와 우상숭배와 착각에 빠져 있는지 모릅니다. 성령의 역사가 교회에서 흘러 나가지 않으면 세상의 역사가 교회 안으로 밀려 들어오게 되어 있습니다. 교회가 사랑과 진리로 세상을 공격하지 않으면 세상이 타락한 여러 가지 문화로 교회를 공격해서 지배하게 되어 있습니다. 바다와 큰 강이 합쳐지는 것을 보십시오. 강물이 많을 때에는 강물이 바다로 흘러 들어가서 바다가 덜 짜집니다. 그러나 강물이 적으면 바닷물이 강으로 밀려 들어와서 농사를 지을 수 없게 됩니다. 바닷물은 밀어내야 합니다. 밀어내서 물의 염도를 떨어뜨려야 합니다.

유다와 요셉이 함께 에돔을 불사르지 않으면 에돔이 이스라엘을 공격할 것입니다. 이 세상에 살면서 세상 사람들과 아무 상관 없이 살 수는 없습니다. 그럴 때 살 수 있는 길은 우리가 먼저 은혜를 받아서 가까이에 있는 원수들에게 은혜를 베푸는 것입니다. 그리스도인들이 가만히 있으면 세상이 그리스도인들을 공격해서 온 교회를 뒤덮을 것입니다. 세상을 밀어내야 합니다. 선제공격을 해야 합니다.

핍박이 일어날 것 같습니까? 먼저 주십시오. 그래서 감히 핍박하지 못하게 하십시오. 집안 분위기가 심상치 않습니까? 월급을 쪼개서 나누어 주십시오. 가진 것이 아까워서 그렇게 안 하니까 계속 터지는 것입니다. 세상은 우리의 약점을 찾아서 계속 공격합니다. 그렇기 때문에 우리는 미리 선제공격을 해야 합니다.

하나님의 은혜가 얼마나 소중한지 알면 다른 것은 아무 것도 아닙니다. 신앙생활 하면서 말씀이 얼마나 소중하며 내가 날마다 새로워지는 것이 얼마나 중요한지 아는 사람은 다른 것을 다 뛰어넘을 수 있습니다. 가만히 보면 정말 아무 것도 아닌 것과 진짜 작은 것에 목숨을 거는 사람이 많습니다. 그것은 어리석은 짓입니다.

내가 말씀을 가졌고 성령의 감동이 나에게 있다면 다른 것은 아무 것도 아닙니다. 좀 손해봐도 괜찮습니다. 좀 양보해도 괜찮습니다. 내가 가진 것을 좀 줘도 괜찮습니다. 억울한 것마다 전부 다 밝히고 해명하고 이기려고 하면 한순간에 성령의 역사가 사라져 버립니다. 큰 것과 작은 것을 구분하십시오. 그럴 때 에돔은 무릎을 꿇게 되어 있습니다.

19절 이하를 보십시오.


남방 사람은 에서의 산을 얻을 것이며,
평지 사람은 블레셋을 얻을 것이요,
또 그들이 에브라임의 들과
사마리아의 들을 얻을 것이며,

베냐민은 길르앗을 얻을 것이며,

사로잡혔던 이스라엘의 뭇 자손은

가나안 사람에게 속한 땅을 사르밧까지 얻을 것이며,

예루살렘의 사로잡혔던 자, 곧 스바랏에 있는 자는

남방의 성읍들을 얻을 것이니라.


이스라엘 백성들이 가나안 땅을 다시 차지할 것이라고 말씀하고 있습니다. 남방 사람들은 유다 남쪽에 사는 사람들을 말합니다. 베냐민 족속들은 요단강 동편의 길르앗 땅을 차지할 것이며, 이스라엘 족속들은 사르밧 땅까지 차지할 것입니다. 여기서 사르밧 땅은 두로와 시돈 지역을 의미합니다. 그리고 유다 사람들 중에서 스바랏에 포로되어 간 자들은 남방 성읍을 얻을 것이라고 말씀하고 있습니다.

땅을 회복한다는 것은 세상의 종말을 의미합니다. 그 전까지는 이 땅에 사는 자들을 쫓아내지 않으실 것입니다. 하나님께서는 이스마엘에게 그가 천국의 기업은 얻지 못하겠지만 이 세상에서 그를 내쫓지는 않겠다고 약속하셨습니다. 마지막 때가 올 때까지 하나님은 이 세상 사람들을 쫓아내지 않으십니다. 잘먹고 잘살게 하십니다. 그러나 마지막이 오면 그들 가운데 그 누구도 땅 한 평 차지하지 못할 것입니다. 오로지 택함받은 백성들만 땅을 차지할 것입니다.

우리가 소망하는 것이 무엇입니까? 온 세상이 하나님의 주권을 인정하며 하나님께 영광을 돌리는 것입니다. 그렇게 되려면 악이 심판을 받아야 합니다. 그 마지막 때가 올 때까지 세상 사람들은 이 땅에서 살 권리가 있습니다. 하나님은 그들에게 땅을 차지하고 집을 넓히고 잘먹고 잘살 수 있는 일반적인 은총을 주셨습니다. 그러나 결국은 성도들이 모든 것을 차지하게 될 때가 옵니다. 그때 우리는 이 땅을 차지하는 것이 아닙니다. 이 땅은 하나도 남지 않을 것입니다. 우리가 차지하는 것은 새 하늘과 새 땅입니다.

21절을 보십시오.

구원자들이 시온에 올라와서 에서의 산을
심판하리니 나라가 여호와께 속하리라.

많은 성경들이 여기 나오는 '구원자들'을 '구원받은 자들'로 번역하고 있습니다. 구원자는 여럿이 될 수 없기 때문입니다. 구원자는 오직 한 분 예수 그리스도뿐입니다. 여기에서 성도들을 '구원자들'이라고 부르는 이유는 그들이 주님의 구원 사역에 동참했기 때문입니다. 모든 성도가 에서의 산을 심판한다는 것은 성도가 그리스도의 심판에 동참한다는 뜻입니다. 여러분, 그리스도인들은 이 세상의 높은 자들과 사탄을 심판하는 자리에 있게 될 것입니다.

원래 '산'은 어떤 세력을 의미합니다. 왜냐하면 사람들은 산

같은 데 자신의 근거지를 두고 끝없이 후진을 길러내기 때문입니다. '에서의 산'은 인본주의의 상징입니다. 그러나 아무리 큰 산이라고 하더라도 결국은 성도들에게 심판을 받게 될 것입니다. 우리가 감히 쳐다볼 수도 없었던 유명한 사람, 잘난 사람, 높은 사람들이 모두 피고인이 되어 우리 앞에 설 때, 그 모든 탐욕들이 낱낱이 드러날 때가 올 것입니다. 그들이 우리 앞에서 벌벌 떨면서 한 번만 살려 달라고 애원할 때가 올 것입니다.

오늘 본문이 이야기하고 있는 것이 무엇입니까? 하나님께서는 에돔 사람들로부터 심한 상처를 받은 이스라엘 사람들에게 "그들한테 신경쓰지 말고 네가 고쳐야 할 것이 무엇인지를 생각하라"고 말씀하십니다. 하나님은 반드시 택한 백성들을 먼저 심판하십니다. 하나님은 우리를 완전한 그릇으로 만들어서 데리고 가십니다.

그러므로 이 세상에서 남들보다 힘들게 살고 남들보다 어려운 시련 당하는 것을 이상하게 생각하지 마십시오. 그게 싫으면 안 믿으면 됩니다. 안 믿으면 잘먹고 잘살 수 있어요. 그러나 내가 하나님의 백성이라면 하나님께서 먼저 심판하시고, 먼저 어렵게 하시고, 먼저 고난을 주셔서 의인으로 만들어 가십니다.

사랑하는 여러분, 이 세상 사람들은 우리가 넘어지기를 바라고 있고, 우리가 잘못되기를 기다리고 있습니다. 그러나 우리들이 힘든 것과 세상 사람들이 옳은 것은 전혀 별개의 문제입니다. 이 세상 사람들에게 보복할 생각을 하지 마십시오.

오늘 여기에서 말하는 시온은 바로 우리들입니다. 세상 사람들이 핍박할 때까지 기다리지 말고 항상 사랑으로 선제공격을 하십시오. 먼저 찾아가서 사랑을 베풀어 주십시오. 그러면 에돔이 무릎 꿇을 날이 올 것입니다.

## 우리의 기도

거룩하신 아버지 하나님,
하나님은 얼마나 공의로우시고 정당하신 분이십니까!
하나님은 예수 믿는다고 해서
무조건 천국에 데려가시는 것이 아니라
하나님이 원하는 모습이 될 때까지 주야로 징계하시고
채찍질해서 의인의 모습을 만들어 데려가십니다.
"저 사람은 저렇게 못된 사람인데도 구원하면서
왜 나는 멸망시키냐"는 불만이
그 누구의 입에서도 나오지 않도록
이쪽을 보나 저쪽을 보나 흠 없는 사람을 만들어
데려가십니다.
우리가 이 세상에 살면서 주야로 채찍질을 받아서
변하는 자들이 되지 말게 해주시고,
미리 우리 자신을 낮추어서 하나님이 원하시는 모습으로
스스로 만들어가게 해주옵소서.
우리를 겸손으로 옷 입혀 주시고
겸손으로 허리띠를 동여 주옵소서.
우리가 서로 불이 되고 불꽃이 되어서

이 세상을 사랑으로 먼저 공격하게 해주옵소서.
말씀과 성령의 역사가 우리에게 있다면
모든 중요한 것이 우리에게 있는 것입니다.
사소한 것은 넘어갈 수 있는 아량을
우리에게 허락해 주옵소서.
우리를 시온에 초청해 주시고
하나님의 백성 삼아 주신 것을 감사합니다.
이 멸망할 세상에 미련을 두지 말게 해주시고
남들보다 더 나은 조건에 산다고 해서
교만하지 않게 해주옵소서.
눈에 보이는 이 모든 것은 잠깐 보이다 사라지는
안개와 같으며, 나그네 같은 인생이고,
영원한 것은 따로 기다리고 있다는 것을 늘 기억하며
그 상급을 향하여 주야로 달려가는 자가 되도록
도와주옵소서.
예수님의 이름으로 기도하옵나이다. 아멘.

# 믿음의 글들

(다음 면에 계속)

| NO. | 제 목 | 저 자 | NO. | 제 목 | 저 자 |
|---|---|---|---|---|---|
| 93 | 저녁이 되며 아침이 되니 | 정연희 | 139 | (절판) | |
| 94 | 임영수 목사의 나누고 싶은 이야기 | 임영수 | 140 | 내 인생, 내 마음대로 할 수 있나요 | 김석태 구세군 전 사령관 |
| 95 | 사해(死海)의 언저리 | 엔도 슈사꾸/김자림 | 141 | 마음의 야상곡 | 엔도 슈사꾸/정기현 |
| 96 | 다가오는 소리 | 김성일 | 142 | 예수의 道 | 이기반 |
| 97 | 질그릇 속의 보화 | 낸시 죠지/ 김애진 | 143 | 청정한 빛 | 서중석 |
| 98 | 그 그을음 없는 화촉의 밤에 | 이혜자 | 144 | 사랑은 스스로 지치지 않는다 | 사를르 롱삭/정미애 |
| 99 | 주부편지 ② | 한국기독여성문인회 | 145 | 빛으로 땅끝까지 ① | 김성일 |
| 100 | 「믿음의 글들」, 나의 고백 | 이재철 | 146 | 빛으로 땅끝까지 ② (전2권) | 김성일 |
| 101 | 양화진 | 정연희 | 147 | 평양에서 서울까지 47년 | 김선혁 |
| 102 | 무엇을 믿으며 어떻게 살 것인가 | 임영수 | 148 | 예수에 관한 12가지 질문 | 마이클 그린/유선명 |
| 103 | 실존적 확신을 위하여 | 구 상 | 149 | 내 잔이 넘치나이다 | 정연희 |
| 104 | 맹집사 이야기 | 맹천수 | 150 | 천사 이야기 | 빌리 그레이엄/편집부 |
| 105 | 무거운 새 | 김광주 | 151 | 도사님, 목사님 | 김혜경 |
| 106 | 성탄절 아이 | 멜빈 브랙/손은경 | 152 | 이것이 교회다 | 찰스 콜슨/ 김애진 외 |
| 107 | 삶, 그리고 성령 | 임영수 | 153 | 현대인에게도 하나님이 필요한가 | 해롤드 쿠시너/유선명 |
| 108 | 왜, 일하지 않는가 | 찰스콜슨·잭 액커드/김애진 | 154 | 배신자 | 스탠 텔친/김은경 |
| 109 | 겸손의 송가 | 문흥수 | 155 | 잊혀진 사람들의 마을 | 김요석 |
| 110 | 김수진 목사의 일본 개신교회사 | 김수진 | 156 | 사이비종교 | 위고 슈탐/송순섭 |
| 111 | 산 것이 없어진다 | 이재왕 | 157 | 하나님이 고치지 못할 사람은 없다 | 박효진 |
| 112 | 기독교 성지순례와 역사 | 박용우 | 158 | 열린 예배 실습보고서 | 에드 답슨/박혜영·김호영 |
| 113 | 주여, 사탄의 왕관을 벗었나이다 | 김혜경 | 159 | 죽음, 가장 큰 선물 | 헨리 나웬/홍석현 |
| 114 | 꼴찌의 간증 | 이건숙 | 160 | 우리는 낯선 땅을 밟는다 | 김호열 |
| 115 | 노년학을 배웁시다 | 윤경남 | 161 | 나의 세계관 뒤집기 | 성인경 |
| 116 | 일터에 사랑 | 토니 캄폴로/이승희 | 162 | 행동하는 사랑, 헤비타트 | 밀라드 풀러/김선형 |
| 117 | 시인의 고향 | 박두진 | 163 | | |
| 118 | 사도일기 | 나연숙 | 164 | | |
| 119 | 믿는 까닭이 무엇이냐 | 임영수 | 165 | | |
| 120 | 내게 오직 하나 사랑이 있다면 | 전근호 | 166 | | |
| 121 | 땅끝의 십자가 ① | 김성일 | 167 | | |
| 122 | 땅끝의 십자가 ② (전2권) | 김성일 | 168 | | |
| 123 | 가정의 뜻, 금혼잔치 베품의 뜻 | 전택부 | 169 | | |
| 124 | 너의 남자를 진정으로 사랑하려면 | 린다 딜로우/양은순 | 170 | | |
| 125 | 사랑은 언제나 오래 참고 | 김성일 | 171 | | |
| 126 | 썬글라스를 끼고 나타난 여자 | 조연경 꽁트집 | 172 | | |
| 127 | 회개하소서, 십자가의 원수된 교회여 | 허 성 | 173 | | |
| 128 | 남자의 성(性), 그 감추어진 이야기 | 아취볼드 디 하트/유선명 | 174 | | |
| 129 | 새신자반 | 이재철 | 175 | | |
| 130 | 아바 ① | 정문영 | 176 | | |
| 131 | 아바 ② (전2권) | 정문영 | 177 | | |
| 132 | 즐거운 아프리카 양철교회 | 파벨칙/추태화 | 178 | | |
| 133 | 공중의 학은 알고 있다 ① | 김성일 | 179 | | |
| 134 | 공중의 학은 알고 있다 ② (전2권) | 김성일 | 180 | | |
| 135 | 이 또한 나의 생긴 대로 | 김유심 | 181 | | |
| 136 | 들의 꽃 공중의 새 | 이기반 | 182 | | |
| 137 | 아이에게 배우는 목사 아빠 | 이재철 | 183 | | |
| 138 | 공짜는 없다 | 정구영 | 184 | | |

# 설교집/어린이를 위한 책/기타

| NO. | 제 목 | 저 자 |
|---|---|---|
| | **설 교 집** | |
| | 하나님의 형상, 사람의 모습 (창 1-3장) | 김서택 |
| | 대홍수, 그리고 무지개 언약 (창 4-11장) | 김서택 |
| | 약속의 땅에도 기근은 오는가 (창 12-17장) | 김서택 |
| | | |
| | 하나님의 불붙는 사랑 (호세아/전2권) | 김서택 |
| | 가시 같은 이웃 (오바댜) | 김서택 |
| | | |
| | | |
| | 요한과 더불어—여덟 번째 산책 (요18-19장) | 이재철 |
| | | |
| | | |
| | **어 린 이** | |
| | 꼬마성경 구약 (전8권) | 프랜 쌔춰 그림 |
| | 노아 | |
| | 요셉 | |
| | 모세 | |
| | 여호수아 | |
| | 룻 | |
| | 다윗 | |
| | 다니엘 | |
| | 요나 | |
| | 꼬마성경 신약 (전8권) | 프랜 쌔춰 그림 |
| | 첫 번 크리스마스 | |
| | 예수님은 특별한 아이였어요 | |
| | 예수님은 가르쳐 주셨어요 | |
| | 예수님은 놀라운 일을 하셨어요 | |
| | 예수님은 고쳐 주셨어요 | |
| | 예수님은 이야기해 주셨어요 | |
| | 예수님은 재판을 받으셨어요 | |
| | 첫 번 부활절 | |
| | 쌔미와 숨바꼭질 (전4권) | 다니엘 제이 혹스타터 |
| | 걱정많은 참새 투덜이 | 메릴 드니 그림 |
| | 음치 종달새 딱구 | 캐롤라인 나이스트롬 |
| | 보물나무 | 트렌트 · 스몰리/주디 러브 |
| | 성서대전(구약)—하나님과 나 | 리비 위드 · 짐 파게트 |
| | 성서대전(신약)—예수님과 우리 | 리비 위드 · 짐 파게트 |
| | | |
| | **시 집** | |
| | 실락원의 연인들 | 최일도 · 김연수 |
| | 기탄잘리 | R. 타고르/박희진 |
| | **역 사 서** | |
| | 독일사 | 앙드레 모로아/전영애 |
| | 소련사 | 제프리 호스킹/김영석 |
| | 중국사 | 구쯔마/윤혜영 |
| | 중국 개신교회사 | 김수진 |

| NO. | 제 목 | 저 자 |
|---|---|---|
| | **기 타** | |
| | 묵상의 숲 속에서 | 이기반 |
| | 스위트필그림의 기적 | 클레이튼 설리번 |
| | 실베스트르, 나의 어린 왕자 | 프랑스와즈 르페브르 |
| | 그 어느 날, 한 마리 개는 | 모니끄 마르땡 그림 |
| | 세상에서 가장 멋진 프로포즈 | 조연경 |
| | 여호와는 나의 목자시니 | 곽정명 그림 |
| | 얏호! 군대 간다 | 문현덕 글 · 그림 |